포항공대의 비전 멘토 방승양 교수의 진로설계 강의

넘버원보다 온리원이 돼라

only one

방승양 (포항공대 명예교수, 비전개발연구소장) 지음

에디터
editor

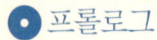 프롤로그

과연 잘난 사람만 성공을 하는 것일까?

왜 최고의 인재들도 실패를 할까?

제가 포항공대에서 학생들을 가르치기 시작한 지는 20년이 넘었습니다. 포항공대의 창립 멤버로서, 특히 당시는 낯설기만 하던 컴퓨터공학과를 만들어 운영하면서 저는 많은 학생들을 만나게 되었습니다. 이전까지 회사 생활만 한 제게 학생들은 미래의 희망을 보여 주기도 했고, 반대로 교육자로서 한계를 절감하게도 만들었습니다. 20년 넘게 학생들과 함께 지내면서 저는 교육자로서 의문점이 생겼습니다.

다들 아시다시피 포항공대는 공과대학 중에서는 특성화한 명문 대학으로 알려져 있습니다. 특히 1년에 300명 정도의 적은 수의 학부생만을 받아들이는 포항공대에는 이과계열의 수재들이 매년 모입니다. 고교 졸업생의 상위 1퍼센트에 속해야 들어올 수 있는 대학의 학생들이라면 누구보다도 대학 생활을 멋지게 해 나가리라 기대할 것입니다. 그런데 막상 보면 그렇지 않은 경우도 있습니다. 해마다 꼭 낙오자가 나오며 대학 생활에 실패하는 학생들이 생깁니다. 학생 본인은 말할 것도 없고, 한껏 기대를 걸었던 주위의 실망감도 만만치 않습니다. 제가 더 가슴이 아픈 것은, 낙오된 학생들이 자신의 아까운 인생의 시간을 허비했다는 점입니다. 교육자로서 왜 이런 학생들이 생기는지 고민이 되었고, 학생들이 후회하지 않는 자신의 길을 찾기를 바랐지요. 그래서 나는 비전 교육이 학생들에게 필요하다고 생각했습니다.

물론 저도 처음부터 비전 교육에 대해 생각한 것은 아니었습니다. 저는 교육학과 교수가 아니라 컴퓨터공학과(당시는 전자계산학과) 교수입니다. 교수가 되기 전에는 컴퓨터 관련 연구소의 연구원으로 일했고, 학교에서도 컴퓨터공학과의 토대를 세워 가는 역할을 주로 했지요. 포항공대가 처음 설립될 때부터 컴퓨터공학과를 맡은 저는 우리나라에서 컴퓨터공학과를 발전시키기 위해 여러 가지 일을 처리해야 했습니다. 교과 과정을 개발하고 개선하는 것뿐만 아니라 대학 도서관에 컴퓨터공학 관련 서적을 선정하고 교수진을 섭외하는 등 교육뿐 아니라 행정에도 신경을 써야 했지요. 덕분에 포항공대의 컴퓨터공학과는 우리나라 컴퓨터 산업이 처음 태동되었을 때 큰 역할을 하게 되었습니다. 이런 역할을 하는 학생들을 배출해 낸 것에 그들의 스승으로서 자부심도 갖게 되었습니다.

포항공대는 학생 수가 적기 때문에 다른 학교와 달리 지도교수 제도가 무척 잘 운영되고 있습니다. 명목뿐인 지도교수가 아니라 거의 일대일 전담제라고나 할까요. 해마다 새로 들어오는 신입생들은 해당 학과의 한 교수를 지도교수로 지정받게 됩니다. 지도교수는 해마다 2명 정도의 학생을 지도학생으로 받게 되며, 그 학생이 졸업할 때까지 학교생활의 여러 일들을 함께 상의하고 조언을 해 주는 역할을 하지요. 이 관계는 학생이 졸업할 때까지 계속됩니다. 지도교수로서 그 학생에게 지도와 도움을 줄 뿐만 아니라 각종 학교 서류에 승인·확인·추천 등의 서명도 하게 됩니다.

저에게도 늘 8~10명의 지도학생이 배정되었고, 학기마다 수강신청서와 같은 서류에 서명을 했으며, 학교생활이나 공부 등에 자문을 아끼지 않았습니다. 그런데 내 노력과는 상관없이 지도학생 가운데 몇 년에 한 명 정도는 꼭 대학 생활에 실패를 하고 학교를 떠나는 학생이 나왔습니다.

같은 지도를 받는데 왜 어떤 학생은 우등생이 되고, 어떤 학생은 학사경고를 받고 실패를 하는 모습을 보일까요? 학생이니 '우등생'이 되는 것을 성공하는 것이라고 보면, '성공하는 학생과 실패하는 학생의 차이는 어디서 비롯되는가?'라는 것이 지도교수로서, 교육자로서 궁금해졌습니다. 아까운 인재들이 자신의 길을 찾지 못하고 학교를 떠나는 것에 안타까운 마음도 컸지요.

그런 의문을 갖고 난 후 저는 학생들을 찬찬히 살폈습니다.

일반고를 나온 학생들이 실패를 하는 경우가 더 많고, 과학고를 나온 학생들은 모두 성공을 했을까요? 그건 아니었습니다. 학생의 출신 학교가 성공과 실패를 좌우하는 요소는 아니었습니다. 물론 요즘에는 과학고, 외국어고 등 특목고를 나온 학생들이 더 똑똑하고 경쟁력이 있을 것이라는 생각이 일반적으로 통용되지만, 실제로 대학 생활을 보니 그것이 반드시 들어맞지는 않았습니다.

그렇다면 아버지의 직업을 포함해서 가정환경이 학생들의 성공과 실패에 영향을 줄까요? 그런데 이것도 상관이 없었습니다. 서울이나 지방 등 출신 도시와도 상관이 없는 것 같았습니다. 그렇다면 도대체 성공하는 학생과 실패하는 학생으로 나뉘는 것은 어떤 이유에서일까요?

공부하고 싶은 이유가 있는 학생이 성공을 한다

성공하는 학생들과 실패하는 학생들을 살펴보면서 저는 개인의 비전, 목표의 유무가 성공과 실패를 판가름하는 기준이라는 것을 알게 되었습니다. 우리 학교와 학과를 선택한 이유가 있느냐, 없느냐에 따라 성공적인 학교생활을 하기도, 실패하기도 했지요.

성공적인 학교생활을 하는 학생에게 무엇 때문에 우리 대학에 왔는지, 무엇을 하고 싶은지 물어보면 그들은 한결같이 구체적인 목표를 갖고 답을 했습니다.

"저는 이 세상의 모든 것을 가상현실로 구현하고 싶습니다."

"저는 인공지능 기술을 공부해 인간보다 스마트한 로봇을 개발하고 싶습니다."

설사 그 목표가 학문적으로 문제가 있을지언정 말이지요. 학생들의 목표와 꿈은 확고하고 뚜렷했습니다. 그리고 대학 3학년 정도 되면 목표가 조금 더 구체화되었습니다. 그동안 깊어진 학문과 넓어진 견문으로 보다 구체적인 목표를 세운 것이지요.

"가상현실 기술을 이용해 세계에서 제일 인기 있는 컴퓨터 게임을 개발하고 싶습니다."

"클라우드 컴퓨팅 기술을 활용해 구글보다 강력한 검색엔진을 개발하고 싶습니다."

이처럼 자신이 직접 이루어 낼 수 있는 목표를 세워 나갔습니다. 이런 학생은 목표를 달성하기 위해 무엇을 해야 하는지 고민하며, 실제 자신에게 필요한 지식을 배워 나갑니다. 그리고 선배나 교수의 별다른 지도 없이도 대학 생활을 잘 꾸려 나가지요. 왜냐하면 그들은 대학에서 공부해야 할 구체적인 이유가 있기 때문입니다.

많은 학생들이 '좋은 대학에만 가면' 모든 것이 다 해결될 것이라고 믿습니다. 이는 학생들만의 잘못은 아닙니다. 부모들 또한 학생들의 모든 목표를 '대학'으로만 잡고 있기 때문입니다. 뭔가 고민이 있어도 "대학만 들어가면 모든 게 해결돼." 라는 말을 하는 부모에게 자신의 장래에 대한 고민을 이야기하기는 힘듭니다. 학교 공부, 학원 공부, 성적과 대학 수능만을 물어보는 부모님과 이야기하고 싶지도 않겠지요.

문제는 극성스러운 부모 밑에서 정작 부모와의 대화가 적은 아이일수록 자신이 무엇을 해야 할지, 어떤 비전을 가져야 할지 모른다는 점입니다. 그러다 보니 좋은 대학에 들어가도 그 이후의 방향을 잡지 못하고 방황하는 것이지요.

우리나라 학생들은 중·고등학교 때 입시 공부로 무척 바쁩니다. 자기 인생에 대해서 생각하고, 자기 인생 목표에 대해서 고민하고 생각할 시간적·정신적 여유가 없지요. 그러다 보니 자신도 모르게 주변에서 말하는 어떤 대학 또는 학과에 들어가는 것 자체가 삶의, 학교생활의 목표가 되어 버립니다. 그 상황에서 학교 성적에 맞춰, 또는 주변에서 가라고 해서 별 고민 없이 대학에 입학을 하고 나면 삶의 목표가 없어지고 삶의 방향에 큰 공백이 생깁니다. 당연히 새로운 목표를 찾기 전까지는 방황을 할 수밖에 없지요.

'당장 인생의 목표를 세우고 나아가라.'고 이야기한다고 해서 없던 목표가 갑자기 세워지지는 않습니다. 인생 목표를 세우는 훈련을 받지 않은 학생은 그저 현재의 만족감에서 벗어나기 싫어할 뿐 잘못된 길을 바로잡을 용기가 없습니다.

결국 이러지도 저러지도 못하고 지지부진한 대학 생활을 하게 됩니다. 미팅도 하고, 친구도 만나고, 공부도 하지만 뭔가 가슴 한구석의 허전한 느낌을 감출 수는 없지요. 결국 고등학교 때 그렇게 동경했던 대학 생활에도 곧 재미를 잃어버립니다. 재미가 없으면 의욕이 떨어지고, 의욕이 떨어지면 대학 생활도 엉망이 되지요. 이런 악순환에 빠지면 결국 대학 생활의 실패자가 되는 것입니다.

그런데 학교에서 학생들을 지도하면서 저는 학생들이 능력이 없어서 실패한다기보다는 자신이 무엇을 해야 할지 본질적인 목표를 세우지 못해 실패한다는 것을 알게 되었습니다. 저는 많은 교수들이 학생들의 학습 능력만 키워 주고 지식만 주입했지, 그 지식을 자신의 삶에서 어떻게 사용하고 베풀어야 하는지를 깨우쳐 주는 비전 교육은 해 주지 못했다는 것을 깨달았습니다. 그런 후 비전에 관한 조사와 공부를 시작했습니다. 이미 많은 사람들이 비전의 중요성을 인식하고, 필요성을 지적하고 있었습니다. 공부를 하면서 저 또한 저의 비전이 무엇인지 다시금 고민하게 되었지요.

비전은 삶의 궁극적인 목표를 정하는 것이다

그러면 나는 어떠한가? 과연 나는 비전이 있었는가? 계획에 따라 노력했는가?

가만히 생각하니 적어도 저에게 사명은 대학생 때 이미 있었던 것 같습니다. 50년 전 일기를 들춰 보니, "나는 한국의 산업화에 일조를 한다."라고 쓰여 있더군요. 이것이 저의 사명이었습니다.

1960년대 초 우리나라는 가난한 분단국가였습니다. 정치적으로도 5·16 쿠데타가 일어나 불안했지요. 당시 남한은 북한보다 산업화에 있어서 많이 뒤떨어져 있었어요. 일본에 있었던 저는 남북한의 기사를 고루 접할 수 있었기 때문에 이념에 치우치지 않은 판단을 할 수 있었습니다. 그래서인지 그 당시 많은 재일교포들은 남한보다 경제적으로 앞서고 희망이 보이는 북한으로 귀국했습니다. 반면에 저는 도움이 필요한 곳은 남한이라고 생각했지요. 비록 분단되었지만 우리는 하나의 나라인데, 이왕이면 저의 능력을 더 필요로 하는 곳에 써야 통

일도 더 빨리 될 것이라고 생각했습니다.

제가 '한국의 산업화'를 사명으로 정했던 것은 재일교포 2세인 저의 현실적인 고민도 들어 있었습니다. 당시 재일교포는 일본 최고의 대학인 동경대를 나와도 정식 취업을 할 수 없는 상황이었습니다. 일본 사회에서 한국인은 2등 국민 취급을 당하던 시절이었습니다. 저는 재일교포의 지위 향상을 위해서는 본국의 위상을 높이는 것이 절대적으로 중요하다는 것을 잘 알고 있었습니다.

이런 생각들이 저를 한국으로 이끌었습니다. 일본에서 대학을 졸업한 후 한국에서 대학원을 다니게 되었습니다. 그러면서 서툰 한국어도 다시 배우고, 우리나라가 진정 필요로 하는 인재가 어떤 사람인지 고민도 했지요. 여기까지는 제가 가진 '사명'이 충분한 동력이 되었습니다.

그런데 젊은 시절 저는 사명을 세우긴 했지만, 비전의 또 다른 요소인 '구체적인 인생의 목표'는 막연했습니다. 없었던 것은 아니지만 '그저 일본의 마쓰시타와 같이 되면 좋겠다.'(마쓰시타는 일본의 전기전자 분야에서 성공한 유명한 사업가입니다) 고만 생각했지요. 어떻게 그 꿈을 이룰 것인가에 대한 구체적인 계획이 없다 보니 막연히 그때그때 최선을 다할 수밖에 없었습니다. 남들이 보기에는 어엿한 대학교수로 정년퇴임까지

했지만, 제 인생을 성공도 실패도 아니라고 스스로 평가하는 것은 제 평생을 두고 이루어 내야 할 구체적인 인생의 목표가 없었기 때문입니다.

이런 인생은 우리 주변에 얼마나 많은가요! 제가 강조하고 싶은 것은 의식적으로 어떤 목표를 향해 노력하는 것과 막연하게 사는 인생은 분명히 다르다는 점입니다. 제 인생을 돌이켜 볼 때 이 점이 아쉽습니다. 따라서 후배나 제자들이 명확한 비전을 세워 실천하는 인생을 살 수 있도록 더욱 힘을 보태고 싶은 것입니다.

이렇듯 비전의 필요성을 온몸으로 체험했던 저는 우선 우리 학과에 비전에 대한 과목을 개설했습니다. 약 10년 전에 첫 비전 교육안을 만들어 학생들에게 실제로 적용하게 되었지요. 학생들을 가르치면서 교육안도 좀 더 충실해졌습니다.

초기에는 당시 대학의 분위기를 반영해 리더십과 성공적인 인생을 강조했습니다. 그러다가 좀 더 진로 설계를 강조하여 '자기계발 Ⅰ, Ⅱ, Ⅲ'으로 구성해 우리 학과의 필수과목으로 만들었지요. 당시 학생 지도에 관심이 많았던 우리 학과 교수들은 제가 만든 과목의 의도와 내용을 듣고 모두 이 과목들을 우리 학과의 필수과목으로 삼는 데 찬성했습니다. 현재는 '자기계발 Ⅰ'은 대학 차원의 '대학 생활 안내' 과목으로 대체하고, '자기계발 Ⅱ, Ⅲ'은 합쳐서 진로 설계를 강조한 과목으로

운영되고 있습니다.

비전은 결코 멈춰 있는 것이 아닙니다. 삶의 지혜가 늘어나면서 자신의 역할은 늘어나고, 구체적으로 이루어야 할 것들이 선명해지지요. 이 책을 통해 여러분이 자신의 가슴속에 담겨 있었던 비전을 세상에 드러내고 펼쳐 보였으면 좋겠습니다.

성공을 원한다면 비전의 공식, V=(M,O)를 세워라

앞으로 자세히 설명하겠지만 비전을 분석하니 크게 두 가지 요소로 구성된다는 것을 발견했습니다. 비전의 두 가지 요소는 사명과 인생 목표입니다. 사명은 자신의 존재 가치, 인생철학을 표현한 것입니다. 반면 인생 목표는 자기 인생의 궁극적인 목표를 기술한 것이지요.

제가 공학자라서 그런지 저도 모르게 공식화시키게 되네요. 비전을 V(Vision), 사명을 M(Mission), 목표를 O(Objective)라고 한다면, V=(M,O)라고 표현할 수가 있습니다. 비전은 사명과 목표로 이루어진다는 의미입니다. '비전을 세운다', '비전을 개발한다'는 것은 이 두 가지 요소를 생각하고 정리하고 표현하는 것을 말합니다. 그런데 사람들은 사명과 인생 목표가 어떻게 다른지는 알면서 비전을 이야기할 때는 사명을 의미하는 것으로 생각하기도 하고 목표라는 의미로 사용하기도 합니다. 그러다 보니 비전을 말할 때 혼선이 생기고, 개념이 헷갈리는 것이지요. 여기서 저는 비전을 세울 때 사명과 목표를 따로 생각할 때보다 연계시켜 같이 생각할 때 더 강력한 힘이 생긴다는 것을 발견했습니다.

지금까지 제가 학생들과 접하면서 비전 정립의 정도 또는 상태를 관찰한 결과, 대개 다음 세 가지 중 한 경우에 해당한다고 할 수가 있습니다. 첫째는 이미 비전이 있거나 비전에 가까운 형태로 자기 꿈이 있는 경우입니다. 그런 학생들에게는 이 책이 자기 비전을 재확인하거나 재정립하는 기회가 될 것입니다. 그리고 자기 비전을 향해 힘차게 걸어가게 되겠지요. 두 번째는 이것이냐 저것이냐, 또는 여러 개의 꿈을 가지고 고민하는 경우입니다. 이 학생들에게는 이 책이 그 중 제일 마음에 드는 꿈을 자기 비전으로 정해 '비전에 의한 삶'을 살아가기 시작하는 계기가 되기를 바랍니다. 마지막은 사명과 인생 목표에 대해서 충분히 시간을 들여 생각하지 못해 비전이 막막한 상태인 경우입니다. 이 학생들은 이 기회에 자기 비전을 찾는 노력을 해 보세요. 혹시 비전을 찾는 데 성공하지 못하더라도 나중에 언제든지 준비가 되면 '비전에 의한 삶'을 활용할 수가 있겠지요. 책 한 권을 읽는다고 전혀 없던 비전을 세우기란 힘들 것입니다. 그러나 이 책은 학생들에게 비전에 대해 고민하고, 비전을 잘 세우는 방법에 대해 안내하고 있습니다. 지금 당장은 아니라도 때가 되면 자신의 비전을 세우고 실천할 수 있도록

프롤로그

이 책을 통해 절차와 양식 등을 익혀 두었으면 좋겠습니다.

비전은 성공하고 싶은 누구에게나 필요한 것입니다. 그리고 비전의 확립은 빠를수록 유리합니다. 비전을 빨리 확립한 사람은 인생의 성공 경쟁에서 유리한 입장에 서게 됩니다. 중·고등학교 때 자신의 비전을 찾고, 그 비전을 바탕으로 계획을 세워 하나씩 목표를 이루어 온 학생은 대학에 들어간 후에야 자기 비전을 찾기 시작하는 학생보다 인생에서 훨씬 앞서가고 있는 것이지요.

인생은 선택의 연속입니다. 예를 들어 고등학생이 진학할 대학과 학과를 선택할 때 자기 비전이 있느냐 없느냐에 따라 선택의 기준이 달라집니다. 자기 비전이 있다면 장기적인 안목으로 학과를 선택할 것이며, 없으면 단기적인 안목으로 선택할 수밖에 없습니다. 이런 경우 많은 대가를 치르며 수정하는 경우가 많지요. 선택 과정에서의 실수를 줄이는 것이 인생의 길을 좀 더 빨리 찾아갈 수 있는 가장 좋은 방법입니다.

하지만 누구나 확고한 비전을 세우고 있는 것은 아니지요. 특히 여러분 같은 학생들이라면 한 번에 자기 마음에 들고 확신이 넘치는 비전을 개발하기란 더욱 쉽지 않은 일입니다. 그렇다면 비전이 없으니 그냥 지내야 할까요? 100퍼센트 마음에 들지는 않지만 조금 부족한 듯해도 현재의 자신에게 최선인 비전을 정하는 것이 좋습니다.

막연히 멋진 비전이 생기기를 기다리는 것보다는 지금의 나에게 가장 필요하고 맞다고 생각되는 비전을 하나 정한 후 열심히 노력하세요. 그러다 보면 현재의 비전을 바탕으로 더 나은 비전이 보일 것입니다. 만약 비전이 없는 상태로 오랫동안 있을 경우 그 상태가 언제 끝날지 알 수도 없고, 잘못하면 인생의 뚜렷한 길을 정하지 못한 채 아무런 비전 없이 일생을 마치게 될 수도 있다는 것을 명심하세요.

비전의 주인은 바로 나!

비전은 한번 정하면 절대로 바꿀 수 없을까요? 아닙니다. 비전은 바꿀 수 있습니다. 왜냐 하면 비전은 내 것이기 때문입니다. 내 인생의 주인은 어디까지나 나 자신입니다.

사람은 어느 날 갑자기 가치관이 바뀔 수 있습니다. 그만큼 특별한 계기가 생기면 말이지요. 이럴 경우 비전도 함께 변화합니다. 돈을 많이 벌어서 부자로 살겠다는 목표만을 갖고 있던 사람이 어떤 특별한 계기를 통해 이제부터는 자신의 부를 세상 사람들과 나누고 싶다는 가치관을 갖게 되었다면 비전은 바뀔 수밖에 없겠지요.

현재의 비전보다 좋은 아이디어가 떠오를 때 비전이 바뀌기도 하며, 새로운 기술의 등장으로 인생의 목표가 수정될 때도 있습니다. 예를 들어 누구나 갖고 다니는 핸드폰의 핵심 기술을 개발하는 것을 목표로 삼았던 과학자라면, 지금은 또 다른 목표를 세워야겠지요. 손안의 컴퓨터인 스마트폰을 이용한 새로운 기술을 개발하는 것으로 말입니다. 그래야 비전이 현실에 뒤처지지 않고 인생을 이끌어 가는 원동력이 될 수 있습니다. 이렇듯 비전의 점검과 올바른 수정은 우리 모두에게 반드시 필요한 작업입니다.

    비전 확립으로 인생 목표가 정해지면 다음은 이를 달성할 수 있도록 계획을 세워야 합니다. 계획은 장기, 중기, 단기 계획으로 나누어집니다. 장기 계획을 세울 때는 자신의 목표를 기점으로 하여 역으로 현재로 되돌아와 자신이 할 일을 찾습니다. 현재부터 시작하면 보잘것없는 자신의 모습에 실망해 원대한 목표가 보이지 않습니다. 미래는 만들어 가는 사람의 것입니다. 어떤 미래를 꿈꾸든지 자신감을 갖는 것이 중요하지요. 우선 자신이 세울 수 있는 가장 원대한 꿈을 장기 계획의 최종 목표로 삼으세요.
    장기 계획이 만들어지면 이를 바탕으로 단기 계획을 세웁니다. 이것이 바로 진로 계획(career plan)입니다. 단기 목표는 한두 해 안에 자신이 이루어야 할 사항으로 정합니다. 예를 들어 중·고등학생이라면 특목고나 대학 입학이 되겠지요. 이때 자신의 장기 계획에 어긋나지 않는 단기 목표를 세우는 것이 중요합니다. 대학 입학 자체가 목표가 아니라 비전을 이루어 가는 과정으로 자신이 입학해야 할 학교를 정하고 그곳에서 공부하기 위해 노력하는 것이지요. 단기 계획을 세우면서 비로소 오늘 내가 뭘 해야 하는지, 어떻게 지내야 하는지가 명확해집니다.

이렇게 계획을 세우고 나면 이를 실행하는 일만 남습니다. 아무리 좋은 비전도 노력을 안 하면 결코 이루어지지 않지요. 반면에 비전을 달성하기 위해 꾸준히 노력하면 현재는 불가능해 보이는 비전이라 하더라도 반드시 이루어집니다. '할 수 있다', '하고 싶다'는 마음의 외침이 실천이 되면서 자연스럽게 자신을 원하는 목표로 이끌어 주기 때문입니다. 아무 목표도 없이 사는 인생보다 비전을 가지고 그것을 향해 사는 인생이야말로 행복하고 성공적인 이유는 자신이 원하는 일을 이루고 있다는 희열 때문이 아닐까요. '비전을 실천하는 삶'을 통해 기쁨과 보람과 유익한 삶을 즐기기 바랍니다.

차 례

프롤로그 과연 잘난 사람만 성공을 하는 것일까?　　　　　　　• 2

성공의 길을 개척한 사람들

노력은 성공을 거머쥐기 위한 기본 전제다　　　　　　　• 22
내 꿈에 맞는 롤모델을 찾아 본받아라　　　　　　　　　• 26
성공의 기회를 찾는 방법　　　　　　　　　　　　　　　• 29
자신이 좋아하고 잘하는 것이 성공의 중요 포인트　　　• 33
최초라는 이름을 얻으려면 과감하게 도전하라　　　　　• 37
불굴의 의지로 끊임없이 한계를 뛰어넘어라!　　　　　　• 41
목표에 대한 고집과 끈기를 성공 동력으로 삼아라　　　• 45
실력 키우는 시간 투자를 아까워하지 마라　　　　　　　• 49
원대한 목표가 큰인물을 만든다　　　　　　　　　　　　• 52
무엇을 하든 적극적으로 배우는 자세로 임하라　　　　　• 55
우물에서 빠져나와 세상을 바라보라　　　　　　　　　　• 58

'비전에 의한 삶'을 살자

우리 삶에서 비전이 왜 중요할까?	• 62
비전을 세우면 성공 인생의 길이 열린다	• 65
성공 비전 1단계 : 자기 발견	• 68
성공 비전 2단계 : 비전 정립	• 71
성공 비전 3단계 : 목표 달성을 위한 계획 수립	• 93
성공 비전 4단계 : 효과적인 실천 방법 11	• 99

 비전을 나눠라

모두에게 행복을 줄 수 있는 꿈을 꿔라	• 136
성공과 만족감을 조화시켜라	• 140
인생의 진정한 의미는 어떻게 만들어질까?	• 143
값지고 명예로운 인생을 만들어 나가자	• 146
자신의 인생을 좋은 작품으로 만들자	• 149
온리원(only one), 온리유(only you)를 외쳐라	• 152
인생을 여러 번 사는 방법이 있다	• 155
성공을 세상에 전파하라	• 157

 '비전에 의한 삶'으로 나만의 비전 찾기 • 161

성공의 길을 개척한 사람들

성공의 비결은 목적을 향해 시종일관하는 것이다.
– 디즈레일리

노력은 성공을 거머쥐기 위한 기본 전제다

가장 큰 성공의 비결은 노력이다.
노력하는 정도에 따라 성공의 크기도 달라진다.

인간은 태어나서 늘 무언가를 위해 살아갑니다. 개인의 욕망이 되었든, 사회적 정의가 되었든 그 무엇인가는 자신의 삶을 지탱해 주는 목적입니다. 그리고 이 목적을 자신이 원하는 만큼 성취했을 때 사람들은 커다란 희열을 느낍니다. 이렇듯 자신이 목적한 바를 이루는 것을 성공이라고 합니다.

'성공'이라는 말에는 마치 어떤 힘이 있는 것 같습니다. 사람들은 비록 자신의 성공이 아니더라도 '김연아의 성공', '박지성의 성공' 이야기에 환호합니다. 성공의 사연이 드라마틱할수록 환호의 열기도 더해지지요. 김연아가 온갖 시련을 이겨 내고 올림픽에서 금메달을 수상했을 때 왠지 모르게 가슴이 찡하지 않았나요? 평발인 박지성이 프리미어리그에서 골을 넣을 때 우리는 함께 환호하며 그의 성공에 아낌없는 박수를 보내지요. 그 이유는 성공이라는 희열이 많은 사람에게 전염되기 때문입니다. 가슴이 찡해질 정도로 공감되는 성공담은 감동적인 한 편의 영화처럼 우리에게 강렬한 카타르시스를 느끼게 해 줍니다. 그리고 우리는 바라게 됩니다. 나 자신도 성공의 주인공이 되고 싶다고 말이지요. 성공이란 작게는 자신이 지금하고 있는 일 또는 작업부터 시작해서 크게는 일생을 통해 이루어 내는 꿈이나 업적을 말합니다.

이세상 누구나 성공을 원합니다. 조용한 삶을 원해 속세를 떠나 산속에 들어간 사람도 자기가 원했던 삶을 찾는 데 성공하기를 원할 것입니다. 또 살면서 "나는 아무 욕심이 없다. 오직 남을 위해서 산다."라는 사람도 자기가 하는 일이 남에게 성공적으로 도움이 되기를 바랄 것입니다. 이런 의미에서 이 세상 누구도 성공을 원하지 않는 사람은 없을 것입니다.

그러면 성공의 비결은 무엇일까요? 동서고금을 통해 수많은 사람들이 그 비결을 알아내려고 했지만, 처한 상황도 목표도 다르고 각자 재능도 다양하다 보니 쉽게 찾기는 힘듭니다. 그럼에도 아주 중요한 공통점은 있지요. 바로 노력입니다.

노력은 성공의 기본이기도 하고, 공통 요소이기도 합니다. "노력하는 만큼 성공한다."는 말이 있듯이 말이지요. 만약 노력 없이 성공을 얻는 경우라면 복권에 당첨되는 '행운' 정도일까요? 하지만 복권 당첨도 복권을 사는 최소한의 노력은 들여야 오는 행운이니 노력과 완전히 무관하다고는 할 수 없겠지요.

그런데 여기서 우리가 알아야 할 점은 무조건 노력만 한다고 누구나 성공하는 것은 아니라는 점입니다. 그 이유는 두 가지로 생각할 수 있습니다.

하나는 목표를 제대로 설정하지 않았기 때문입니다. 목표 자체가 잘못되어 있거나 목표를 달성하기 위한 계획이 엉터리인 경우이지요. 또 하나는 성공에 필요한 만큼의 노력을 하지 않기 때문입니다. 아무리 좋은 목표와 계획이 있어도 그에 걸맞은 노력이 뒷받침되지 않으면 성공할 수 없습니다. 자신은 최선을 다했다고 생각하지만 성공에 필요한 만큼의 노력에 못 미친 것이지요.

하루 3시간 동안 노력한 사람이 하루 5시간 동안 노력한 사람만큼의 성공을 바란다면 욕심이겠지요. 성공을 하려면 자신이 정한 목표의 난이도에 따라 들이는 노력도 달라져야 합니다. 세계 최초로 금메달을 따겠다는 목표를 세웠다면 그만한 각오가 필요한 것과 같지요.

성공을 향해 지치지 않고 달려가려면 원하는 목표에 맞는 노력의 양을 잘 가늠하는 것이 필요합니다. '무조건 열심히' 하면 곧 지쳐 버리지만, 목표에 맞는 노력의 양을 안다면 자신이 쏟는 노력이 성공에 한걸음씩 가까워지는 증거가 되어 오히려 더욱 기운을 북돋워 줄 것입니다. 예를 들어 1년에 책 몇 권을 읽겠다고 마음먹는다고 합시다. 그러면 무조건 책을 열심히 읽겠다고 하는 것이 아니라 1주일에 몇 쪽을 읽어야 그 목표를 달성할 수 있는지를 계산해야 하겠지요. 이를 통해 하루에 몇 시간을 투자해야 하는지 알 수 있습니다. 막연히 책을 많이 읽겠다고 하는 것보다 얼마나 노력해야 하는지 알 수 있어 꾸준히 할 수 있는 것이지요.

내 꿈에 맞는
롤모델을 찾아 **본받아라**

성공을 하기 위해서는 자신만의 멘토를 잘 찾아야 한다.
어떤 사람을 자신의 멘토로 삼느냐에 따라 성공 목표가 달라지기 때문이다.

멘토르는 그리스 신화에 나오는 영웅 오디세우스의 친구입니다. 오디세우스는 트로이 전쟁에 참가해 무려 20년 동안이나 고향으로 돌아오지 못했지요. 전쟁터로 떠나기 전 오디세우스는 친구 멘토르에게 아들 텔레마코스와 아내 페넬로페를 부탁합니다. 왕의 부재가 길어지자 귀족들은 페넬로페에게 구혼을 해 왕위에 오르려고 합니다. 이때 친구의 아들을 지키며 어린 텔레마코스가 왕위를 물려받을 수 있도록 도와준 사람이 바로 멘토르입니다. 그는 아버지가 없는 텔레마코스에게 때로는 아버지로, 때로는 조언자로, 그리고 늘 언제나 자상한 교사가 되어 많은 가르침을 주었습니다. 그의 이름을 따서 '멘토링'이라는 교육법이 나왔지요.

멘토링이란 풍부한 지혜와 경험이 있는 사람에게 일대일의 가르침을 받는 것을 말합니다. 개인 교습이라고 할 수도 있는데, 요즘에는 자신에게 좋은 역할 모델을 제시해 주는 사람을 '멘토'라고 합니다. 그러므로 성공을 하기 위해서는 자신만의 멘토를 잘 찾아야 합니다. 어떤 사람을 자신의 멘토로 삼느냐에 따라 성공 여부가 달라지기 때문입니다. 물론 멘토가 반드시 같은 분야의 사람일 필요는 없습니다만, 자신의 능력을 최대한 발휘하게 만들어 주는 멘토를 찾는 것이 좋습니다.

이렇게 멘토를 선택한 후에는 이들보다 더 나아지기 위한 방법을 끊임없이 고민해야 합니다. 스승이란 뛰어넘기 위해 존재하는 것입니다. 따라잡고 싶은 멘토가 없을 경우 자신의 성공 목표는 아득하게만 느껴지기 쉽습니다. 멘토는 내 성공의 가이드입니다. 누군가 나에게 넘고 지나가라고 만들어 놓은 징검다리입니다. 멘토의 성공과 실수를 살펴보면 내가 배워야 할 것과 버려야 할 것을 시행착오를 겪지 않고 깨달을 수 있습니다. 그렇기 때문에 자신만의 멘토를 만든 사람은 성공을 향하는 행렬의 선두에 설 수 있습니다. 이미 멘토를 통해 성공의 확신을 얻었기 때문입니다.

꿈은 꾸는 만큼 이루어집니다. 남보다 어렵고, 원대한 목표를 세우는 사람이어야 남들과 다른 성공을 거둘 수 있습니다.

이왕이면 나뿐만이 아닌, 남을 위한, 그리고 더 나아가 세계를 위한 목표를 세우고 성공하면 좋겠습니다.

성공의 기회를 찾는 방법

성공을 위한 가장 좋은 투자는 현재의 기회를 살리는 것이다.
현재에 불만을 가진 사람들은 성공의 기회를 얻기 힘들다.

우리는 가끔 책상 위에 핸드폰을 놓고선 "핸드폰 어디에 뒀지?"라며 사방을 두리번거리곤 합니다. 심지어는 핸드폰을 손에 든 채로 찾는 사람도 있습니다.

주변을 보면 많은 사람이 기회를 찾아 헤맵니다. 성공을 위한 좋은 찬스를 노리는 것이지요. 그런데 실제로 남보다 좋은 기회를 찾아서 자신의 것으로 만들기란 쉽지 않습니다. 자신에게 좋은 기회는 다른 사람들에게도 좋은 기회이기에 누구나 덤벼들기 때문입니다. '하늘에서 저절로 떨어지는 100년에 한 번 있을까 말까 한 절호의 기회'를 내 것으로 만들기란 정말 힘듭니다. 그런데도 그냥 막연하게 멋진, 대박 날 수 있는 기회만 찾는 사람들이 대부분입니다.

감나무 밑에서 입을 벌리고 있는다고 익은 감이 저절로 내 입에 떨어지지는 않습니다. 감이 익으면 부지런한 농부가 수확을 하고, 농부가 두고 간 감은 떨어지기 전에 재빠른 까치가 먼저 차지하지요. 결국 밑에서 입만 벌리고 있는 사람은 제대로 익기 전의 감이나 상한 감만을 겨우 챙기거나, 아니면 결국 아무것도 얻지 못합니다.

성공의 기회를 멀리서 찾지 마세요. 기회는 바로 눈앞에, 여러분이 처한 현재 상황에 숨어 있습니다. 성공을 위한 가장 좋은 투자는 현재의 기회를 살리는 것입니다. 반면, 현재에 불만을 가진 사람들은 성공의 기회를 얻기 힘듭니다. 사실 여러분의 현재 상황은 그동안 주어진 여건에서 자신이 제일 좋은 길, 멋진 길이라고 생각되는 곳을 거쳐 당도한 자리가 아닌가요? 그런 곳에서 기회를 찾을 수 없다면 어느 곳에서도 기회를 만나기란 힘들 것입니다.

고등학생이라면 고등학교 생활에 최선을 다해야 합니다. 대학생이라면 대학 생활에서 얻어지는 다양한 기회와 도전에 자신의 열정을 바쳐야 합니다. 멀리 쳐다보고 엉뚱한 데서 찾을 필요가 없습니다. 십중팔구, 아니 99퍼센트의 경우 기회가 바로 여러분이 발 디딘 그곳에서 생깁니다. 멀리 돌아다녀 봤자 오히려 시간 낭비일 뿐입니다. 왜냐고요? 기회는 복권이 아니기 때문입니다. 오히려 하늘에서 뚝 떨어진 기회는 쉽게 날아가 버립니다. 복권 당첨자 중 3분의 2 정도가 5년 이내에 받은 당첨금을 다 탕진해 버린다고 합니다. 자신이 만든 기회가 아니기에 행운을 써 버리는 속도도 그만큼 빠른 것입니다.

자신이 깨닫든 그렇지 않든 기회의 크기와 질은 모두 자신이 직접 만들어 놓은 것입니다. 아무리 큰 기회라 하더라도 만족하지 못하고 지나쳐 버리면 구멍 뚫린 항아리의 물처럼 새 나가고 맙니다. 반대로 작은 물방울 같은 기회라도 놓치지 않고 모으고 잡으면 곧 넘실넘실 차올라 성공의 밑거름이 됩니다.

대부분의 사람들은 성공을 이야기할 때 '할 수 있는 것'보다는 '스스로는 마음대로 못하는 것'에 더 많이 집중합니다. 그러다 보니 무엇을 하든 부정적입니다.

'내가 이걸 해 봤자 뭐가 되겠어. 고작해야 청소부인데.'라고 마음먹은 사람은 결국 청소부에 머물고 맙니다. 하지만 '나는 청소부니까 세상을 깨끗하게 만드는 법을 좀 더 고민하고 찾아보자.'라고 마음먹은 사람은 더 이상 한 동네의 청소부가 아닙니다. 그의 머릿속에는 지구의 환경을 지키려는 원대한 포부가 있습니다. 그래서 보다 효율적인 청소 도구를 만들어 낼 수도 있고, 친환경적인 소각법을 발명해 낼 수도 있는 것이지요. 고민하고 시도하는 사람은 주변에서 봐도 능력이 넘쳐 보입니다. 사람들은 누구나 능력 있는 사람을 좋아하고, 능력 있는 사람과 일하고 싶어 합니다.

자신이 좋아하고
잘하는 것이 성공의 중요 포인트

무엇을 해야 할지 모를 때는 자신이 좋아하고 잘하는 것을 하라.
잘하는 일에는 자신감이 생기며 이를 동력으로 성공할 것이다.

사람은 환경의 동물입니다. 주변에 어떤 환경이 펼쳐지는지에 따라서 자신이 관심을 기울이는 것이 달라지지요. 바닷가 도시에 선장이 많고, 산이 많은 동네에서 산악인이 태어나는 것은 결코 우연이 아닙니다. 주변 환경에 자연스럽게 흥미를 느끼고 어깨 너머로 보고 배우며 자라기 때문입니다. 성공하고 싶은 분야가 있다면, 자신의 주변을 어떤 방법으로든 그 분야와 관련된 환경으로 만드세요.

그렇다고 무작정 실현 불가능한 환경을 꿈꾸라는 것은 아닙니다. 자신의 현실에서 가장 가능한 환경을 만들라는 것이지요. 가수가 되고 싶은데 지금은 불가능하다면 밤마다 음악학원을 다니면서 실력을 더 키우거나 자신의 재능을 발휘할 수 있도록 주변 환경을 변화시켜 보세요. 노래 자원봉사를 할 수도 있고, 직장인 밴드를 만들어 꿈을 키울 수도 있습니다. 소박한 시도이지만 이렇게 자신이 만들어 나가는 환경을 통해 꿈과 성공에 한 걸음 더 다가갈 수 있는 것입니다.

미야하라 츠구오라는 중학교 때 친구가 있습니다. 중학교 때부터 밴드에 빠져 있어 학교 성적도 그리 좋은 편은 아니었지요. 츠구오는 대학 때까지 밴드를 했기 때문에 친구들은 당연히 그가 음악가가 될 것이라고 생각했어요. 하지만 경찰관이었던 츠구오의 아버지는 아들이 음악을 계속하는 것을 반대했습니다. 결국 그는 도쿄에서 경찰관 시험을 봤고, 신주쿠의 경찰서장으로 정년퇴임을 했습니다. 여기까지가 간간이 들려오던 그 친구의 소식이었습니다. 그런데 수십 년 만에 만난 그는 제가 생각했던 것과 다른 삶을 살고 있었습니다.

알고 보니 그는 50세부터 다시 음악 동호회에 들어가 밴드 활동을 시작했다고 하더군요. 지금은 주말마다 바에서 연주가 생활을 하고 있습니다. 물론 보기에 따라서 츠구오의 꿈은 너무 늦게 이루어졌다고 볼 수도 있을 것입니다. 하지만 성공의 크기와 목표는 누구나 조금씩 다릅니다. 부모님의 뜻을 받아들여 경찰서장이라는 지위까지 성실히 해낸 그는 사회적으로 가족들이 그에게 바란 성공한 모습을 보여 주었습니다. 그런 뒤에 자신의 꿈을 잃지 않고 실현해 냈지요. 밴드에서 프로 연주가로 열심히 활동하고 있는 츠구오는 자신이 원하는 성공도 거머쥔 것입니다. 시간은 좀 걸렸지만 두 마리 토끼를 모두 잡은 셈이지요.

평생 좋아하는 것을 하고 살아가는 사람은 작지만 꾸준히 성공을 경험할 수 있습니다. 그리고 이러한 작은 성공이 모여서 탄탄한 자신의 자리를 만들어 나갈 것입니다. 츠구오는 결코 자신의 꿈을 포기하거나 버린 것이 아니었습니다. 멋진 자신의 모습을 만들기 위해 포기하지 않고 실력을 가다듬었지요. 젊었을 때 밴드를 했다고 해서 50세 때 다시 시작한 것만으로 연주가가 될 수 있었을까요? 아마도 츠구오는 그동안 실력이 녹슬지 않도록 연습을 했을 것입니다. 그것이 드디어 때를 만나 빛을 발한 것이지요. 그러니 결코 포기하지 말고, 자신이 원하는 삶의 환경을 만들어 나가기 위해 노력해 보세요.

환경과 더불어 성공의 중요한 포인트는 흥미를 느끼는 분야를 순수한 마음으로 즐길 수 있어야 한다는 점입니다. 뭔가를 잘하려면 즐겨야 합니다. 즐긴다는 것은 자신이 그 일에 재미있게 빠져 있는 것을 의미합니다. 사흘 밤을 새워도 지겹지 않고 재미있으면 누가 시키지 않아도 열심히 합니다. 이 진리는 예술, 운동, 공부, 일 모든 곳에 통합니다.

　대학에 갓 들어온 신입생 중에는 얼마 지나지 않아 자신이 무엇을 위해 이 공부를 해야 하는지 몰라 헤매는 학생들이 많습니다. 이때 가장 좋은 방법은 조바심을 버리고 먼저 자기가 좋아하는 것에 빠져 보는 것입니다. 즐기다 보면 어느새 자신의 길이 보입니다. 오즈의 마법사에 나오는 황금 길은 아닐지라도 다른 사람이 찾지 않은 나만의 오솔길을 발견했다면 그것이 나를 위한 성공의 지름길이라는 것을 잊지 마세요.

최초라는 이름을 얻으려면 과감하게 도전하라

누구보다도 앞서서 남다른 시도로 도전하고,
성공할 때까지 끈기를 갖고 밀고 나가는 것이 중요하다.

콜럼버스가 아니었어도 결국 누군가가 대서양을 건넜을 것입니다. 라이트 형제가 아니었어도 비행기는 발명되었을 것이며, 노벨이 아니었어도 다이너마이트는 만들어졌을 것입니다. 물론 시간이 조금 더 필요했겠지만 말입니다. 발견과 발명은 아이디어 자체가 중요할 때도 있지만, 일반적으로 누가 먼저 하느냐가 중요할 때가 많습니다.

제 박사학위 논문은 데이터 구조에 관한 것입니다. 수학에서 관계(relation)는 2차원 데이터의 집합으로 정의되는데, 그것을 n차원으로 확장한 것이 제 논문의 내용입니다. 그런데 나중에 보니 같은 시기에 다른 연구자가 같은 아이디어를 제안했다는 것을 알게 되었습니다. 더 나아가 그는 이것을 데이터베이스의 개념 모델로 응용하고자 했습니다. 제가 이론 연구에만 머무는 동안 그 연구자는 한 발 더 나아가 자신의 이론을 활용하는 문제도 함께 연구하고 있었지요. 그가 주장한 관계 모델이 당시에는 비효율적이었지만 후에 CPU 속도가 빨라지고 메모리 용량이 커지면서 제일 많이 쓰이는 데이터베이스의 모델이 되었습니다. 저보다 한 발 나아간 도전을 하여 제안을 했기에 그는 데이터베이스 관계 모델의 창시자가 된 것입니다.

우리나라는 다른 어떤 나라보다 인터넷이 발달한 나라입니다. 수많은 선진국들보다 우리나라가 인터넷에 있어서 세계 최고 수준이 될 수 있었던 것은 한 과학자의 도전 정신이 있었기에 가능했습니다. 우리나라에 인터넷을 처음 도입하고 실험한 사람은 한국전자기술연구소(현 KAIST)의 전길남 박사였습니다.

그는 1980년대 초에 미국의 인터넷 기술을 보며 이것이 앞으로 세상의 흐름을 바꾸어 놓을 것이라고 확신했습니다. 전 박사는 당시 카이스트와 서울대를 인터넷으로 연결하는 프로젝트를 직접 진행해 성공시켰지요. 오늘날의 통신 환경에서는 별것 아닌 것처럼 느껴지겠지만, 집집마다 전화기도 제대로 없었던 시대에 그런 기술을 국산화하려는 전 박사의 꿈은 모험처럼 느껴졌답니다. 그때 우리나라에서는 컴퓨터를 만들어 내지도 못했거든요. 하지만 누구보다 앞선 혜안을 가진 전길남 박사 덕에 우리는 현재 세계에서 가장 빠른 인터넷을 사용하면서 대부분의 업무와 일상생활에 이용하게 되었지요. 이런 인터넷을 이용해 K-pop 스타를 비롯하여 한국의 문화를 세계에 알리기도 하고요.

"오늘 내가 생각한 아이디어는 다른 1000명이 이미 생각한 아이디어다."라는 말이 있습니다. 누구나 멋진 아이디어를 갖고 있지요. 그 아이디어가 세상을 변화시킬 수도 있을 겁니다. 하지만 "구슬이 서 말이라도 꿰어야 보배"라는 말도 있지요. 최초라는 이름을 얻기 위해서는 누구보다도 앞서서 도전하고, 성공할 때까지 끈기를 갖고 밀고 나가는 것이 중요합니다.

또 하나, '최초'라는 이름을 얻기 위해서는 남들과는 다른 도전을 시도해야 합니다. 아이디어는 같아도 어떤 길을 선택하느냐에 따라 성공할 수도 실패할 수도 있지요. 콜럼버스는 사람들이 모두 낭떠러지라고 믿고 있었던 서쪽 수평선 너머를 항로로 정했습니다. 그는 해도를 만들면서 지리학자들과 상의하고, 관련 서적도 모조리 읽었습니다. 그 결과 당시 사람들은 지구가 정육면체라고 믿었음에도 콜럼버스 자신은 '지구가 둥글다'는 확신으로 탐험 계획을 짜게 됩니다. 이런 자신만의 아이디어가 있었기에 콜럼버스는 서양인으로서는 '최초'로 아메리카 대륙을 발견한 사람으로 이름을 떨칠 수 있었던 것입니다.

  자신이 원하는 성공을 이루고 싶다면 남들과는 다른 도전을 계획해 보세요. 탐험가가 꿈인데 하루 종일 책상에 앉아서 공부만 하는 것이 능사는 아닙니다. 탐험에 관련된 지식을 익히기 위해 책도 읽어야 하지만, 야영도 해 보고, 친구들과 미지의 세계로 탐험을 해 보는 것이 오히려 도움이 될 수도 있습니다. 이러한 도전 계획을 실행해 나가다 보면 자신의 길이 더 잘 보이고, 성공이 한 발 더 다가오는 것을 느낄 것입니다.

불굴의 의지로
끊임없이 한계를 뛰어넘어라

우리 앞에는 많은 벽이 놓여 있다. 어떠한 어려움에도 절망하지 말고
이 벽을 뛰어넘는 사람만이 성공에 도달할 수 있다.

누구에게나 시련은 찾아옵니다. 그런데 사람들은 웬만하면 시련을 피하고 싶어 합니다. 그러다 보니 조금 가다가 힘들다고 그냥 포기해 버리는 사람이 많습니다. 하지만 포기하는 사람은 결코 진정한 성공을 맛볼 수 없습니다. 그런 사람들에게는 작은 시련도 커다란 해일처럼 여겨질 것입니다. 시련이 없는 삶은 그저 평탄한 하루하루의 집합에 불과합니다.

반면에 절대로 포기하지 않는 사람은 어떠한 장애를 만나도 어떻게 해서든 넘어서려고 노력할 것입니다. 그리고 결국 극복해 내며 누구보다도 큰 보상을 받을 것입니다. 그것은

'돈'이라는 금전적 보상은 아닙니다. 자신의 목표를 달성하고 한계를 넘어섰다는 성취감이지요.

베토벤이 위대한 이유는 그의 천재적인 소질이나 사회적 명성 때문이 아닙니다. 그는 어떤 어려움 속에서도 음악을 포기하지 않았기에 위대한 것입니다. 음악가로서는 치명적인 핸디캡인 귀가 안 들리는 상황에서도 멋지고 아름다운 수많은 곡들을 만들어 내었기에 존경을 받는 것이지요. 물론 그도 처음에는 절망했습니다. 생각해 보세요. 음악을 듣고 연주와 작곡을 해야 하는 사람이 소리를 들을 수 없다면 어떤 일을 할 수 있을까요? 아마도 대부분의 사람들은 여기서 절망하고 포기하고 말 것입니다. 하지만 베토벤은 이 위기를 기회로 만들었지요. 그는 자신의 마음속에서 울려 퍼지는 음악을 사람들에게 보여 주었습니다. 그랬기에 고전주의 음악이 만연했던 당시에 오히려 새로운 낭만주의 음악의 꽃을 피울 수 있었던 것이지요.

불의의 사고로 전신마비가 된 서울대 이상묵 교수의 모습에서도 우리는 한계를 극복한 사람의 모습을 볼 수 있습니다. 그는 자신의 사고에 과학자적인 냉철함으로 최대한 객관적인 판단을 하기 위해 노력했습니다. 전신마비를 고치기 위해 시간을 허비하는 대신, 그 상태에서 살아나가는 재활 방법을 위해 노력했지요. 그가 한 노력은 전신마비 상태에서도 학생들에게 강의를 하고, 연구를 계속하기 위한 방법을 익히는 것이었습니다. 덕분에 그는 지금도 대학에서 학생들을 가르치며 활발한 연구를 하고 있습니다. 보통 사람 같았으면 사람들 앞에 나서는 것조차 힘든 상황에서 그는 자신의 장애를 세상과의 '벽'이 아닌, '문턱' 정도로만 여기면서 이겨 냈기에 가능한 일이었지요.

장애를 극복한 위인의 대명사로는 헬렌 켈러가 있습니다. 헬렌 켈러는 어릴 때 큰 병을 앓고 난 후 보지도, 듣지도 못하게 되었습니다. 아무것도 배우지 못한 채 본능대로 움직이는 동물과 다름없었습니다. 다행히 헬렌은 설리번 선생님을 만나 어둠의 세계에서 벗어나 세상을 인식할 수 있었습니다. 그때부터 그녀의 인생은 자신의 한계를 극복하는 나날이었습니다. 글을 깨치고, 책을 읽고, 학문을 탐구하며 자신이 세상을 향해 어떤 목소리를 낼 수 있는지 고민했지요.

그녀는 자신의 한계를 극복하는 것에서 한발 더 나아가 사회운동가로서 세상에 많은 영향을 끼쳤습니다. 헬렌 켈러는 여성참정권을 주장했고, 인종차별에 반대했습니다. 세계를 돌아다니며 모금 운동과 계몽 운동에 앞장서며 왕성한 저작 활동과 연설을 했지요.

"많은 사람들이 참된 행복이 어떤 것인지 잘못 알고 있다. 행복은 자기만족에서 얻는 것이 아니라 값진 목표를 이루기 위해 노력하는 과정에서 얻을 수 있는 것이다."
"삶이 용감한 모험이 아니라면 아무것도 아니다."
전 세계의 장애인들을 위해, 자신이 주는 희망을 애타게 기다리는 사람들을 위해 그녀는 자신의 한계를 뛰어넘으며 진정한 인간 승리의 모습을 보여 주었습니다.

우리는 인간의 한계를 뛰어넘은 사람을 초인(超人)이라고 합니다. 즉 초인은 평범한 사람이 쉽게 실천하기 힘든 일을 한결같은 마음과 태도로 이루어 낸 사람을 말하지요. 초인들은 대단하게 여겨지지만 공통점은 하나입니다. 생각에 머무르지 않고 실천을 했다는 점입니다. 성공은 자신의 한계를 극복하고 실천하는 사람에게만 다가온다는 것을 명심하세요.

목표에 대한 고집과 끈기를 성공 동력으로 삼아라

성공을 위해서는 어떤 고비에서도 자신의 확신을
끝까지 밀고 나가는 추진력이 필요하다.

제2차 세계대전 초기에 영국과 프랑스 연합군은 독일군에게 밀리고 있었습니다. 이때 영국 의회는 처칠을 총리로 뽑았습니다. 그는 총리가 되어 독일의 폭력에 절대로 굴해서는 안 된다는 연설을 했습니다. 걱정하고 두려워하는 사람들에게 그의 연설은 새로운 희망과 용기를 주었습니다.

"사람들은 저에게 묻습니다. 우리의 정책은 무엇입니까? 우리의 정책은 끝까지 싸우는 것입니다. 사람들은 또 저에게 묻습니다. 우리의 목표는 무엇입니까? 한마디로 싸워 이기는 것이 우리의 목표입니다. 어떤 희생을 치르더라도, 어떤 무서운 일이 닥쳐도 우리는 승리해야 합니다. 아무리 멀고 험한 길이라도 반드시 승리를 향해 나아가야 합니다. 승리 없이 우리가 살아남을 길은 없습니다."

그의 확신에 찬 연설은 영국 국민에게 새로운 의지를 불어넣었습니다. 이러한 처칠의 리더십은 어디서 나왔을까요?

사실 처칠은 어릴 때부터 고집쟁이에다 독불장군이었습니다. 하지만 그는 국가를 위해, 정의를 위해 일하고 싶다는 꿈을 가졌습니다. 그리고 자신의 꿈을 실현시키는 두 가지 길을 찾았습니다. 하나는 군인이 되는 것이었고, 다른 하나는 정치가가 되는 것이었습니다.

그는 육군사관학교를 졸업하고 참전했다가 포로가 되기도 했고, 모험을 찾아 종군기자로도 활동했습니다. 제1차 세계대전 때는 해군 장관으로 활약을 했지요. 그는 결코 유연한 사람은 아니었습니다. 주변 정치인들과도 많이 부딪쳤고, 그러다 정치적으로 위기에 빠진 적도 있었지요. 하지만 처칠이 사람들에게 깊은 인상을 남긴 이유는 자신의 고집을 긍정적인 방향으로 키워 가며 이를 리더십으로 발전시켰기 때문입니다. 제2차 세계대전 당시 그의 연설이 사람들에게 감동을 주었던 것은, 고집스럽게 승리를 외치던 그를 통해 승리의 확신을 얻을 수 있었기 때문입니다.

처칠이 옥스퍼드대학교 졸업식에서 남긴 축사는 그가 평생 삶의 목표로 삼은 것이 무엇인지 명확하게 알려 주고 있습니다. 열광적인 환영을 받으며 연단에 오른 처칠은 천천히 모자와 담배를 연단에 내려놓았습니다. 그러고는 청중들을 바라보았습니다. 사람들은 멋진 연설을 기대하면서 집중하고 있었습니다. 드디어 그가 입을 떼었습니다.

"Never, never, never give up!"

청중들은 그의 다음 말을 기다렸습니다.

"Never, never, never give up!"

단 두 문장으로 연설을 끝낸 후 처칠은 유유히 연단을 내려왔습니다. 할 말은 그것뿐이라는 듯이 말이지요. 잠시 정적이 흘렀던 졸업식장은 곧 환호성으로 가득 찼습니다. 성공을 위해서는 절대로 포기하지 말라는 그의 간단명료한 연설은 그 자리에 있던 많은 젊은이들의 가슴에 자신에 대한 자부심을 키우고 삶의 목표에 대한 고집과 끈기를 버리지 말라는 메시지를 각인시켰습니다.

어떤 일의 성공과 실패를 가름하는 시점은 어디라고 생각하나요? 첫 단추를 잘 꿰어야 하니 시작이 가장 중요할까요? 아니면 마무리를 잘해야 일이 잘 끝나니 마무리가 가장 중요할까요? 둘 다 아닙니다. 성공과 실패를 가름하는 시기는 예상치 않았던 어려움을 만나서 일을 더 이상 진행할 수 없게 되거나 혹은 갑자기 그 일에 권태를 느껴서 더 이상 열심히 하고 싶지 않아질 때입니다. 이런 고비를 넘겨야 성공이 눈앞에 보입니다. 그러기 위해서는 자신이 정한 목표를 향해 고집스럽게 나아가는 추진력이 필요합니다.

실력 키우는 시간 투자를 아까워하지 마라

아무리 능력이 뛰어난 사람이라도 한 번에 잘하는 경우는 거의 없다.
무엇이든 잘하기 위해서는 수없는 반복과 실패가 필요하다.

영화를 보면 영웅이나 천재는 혼자만의 뛰어난 능력으로 여러 문제를 척척 해결해 냅니다. 태어날 때부터 남들과는 다른 비범함으로 무엇이든 처음 하는데도 실수라고는 없지요. 하지만 이건 영화에서나 가능한 것이며, 실제로는 아무리 능력이 뛰어난 사람이라 하더라도 한 번에 잘하는 경우는 거의 없습니다. 무엇이든 잘하기 위해서는 수없는 반복과 실패가 필요하지요.

성공을 위해 수없이 실패를 경험한 대표적인 인물로 에디슨이 있습니다. 에디슨은 어려서부터 호기심 많고 질문이 많은 아이였습니다. 그런데 여기서 그치지 않고 에디슨은 궁금

증이 풀릴 때까지 무엇이든 시도해 보았어요. 실험을 하면서 무엇이든 그냥 넘어가는 법이 없었던 그는 수많은 실패를 통해 자신의 실력을 키우게 된 것이지요. 이렇게 쌓은 능력을 바탕으로 그는 21세 때 전기 투표기록기를 발명하여 최초의 특허를 받았습니다. 이후 그가 받은 특허는 무려 362건이나 됩니다.

그가 사람들에게 천재라고 불릴 수 있었던 이유는 실패에 좌절하지 않고 꾸준히 자신의 실력을 쌓아 올렸기 때문입니다.

전문가가 되기 위해서는 실력을 키우는 시간이 필요합니다. 자신이 열정을 갖고 있는 일에는 아낌없이 시간을 투자하세요.

처음에는 자신의 꿈과는 전혀 다른 하찮은 일을 할 수도 있습니다. 하지만 "천 리 길도 한 걸음부터"라는 말이 있지요? 지금은 비록 아무도 알아주지 않는 학생이거나 말단 사원이라 하더라도 이 과정을 충실히 거친다면 반드시 그 시간들이 쌓여 최고의 실력자가 될 수 있을 것입니다.

능력 있는 사람은 폼 나는 일만 하는 사람이 아니라 언제 어느 때, 어떤 분야에 투입되어도 당황하지 않고 자신의 능력을 최대한 발휘할 수 있는 사람입니다.

뮤지컬 배역 중에는 '커버'라는 역할이 있습니다. 주인공만큼 중요하지만 주인공에게 사정이 생기지 않으면 결코 무대에 설 수 없는 대역 배우이지요. 커버 역할을 맡은 배우는 공연 기간 내내 기회를 기다립니다. 하지만 그 공연에서 결국 한 번도 출연하지 못하는 경우가 많습니다. 그렇다고 해서 그가 연습하느라 들인 시간과 노력이 결코 헛된 것은 아닙니다.

    주인공의 커버란 주인공과 똑같은 실력을 키워야 한다는 것입니다. 비록 지금은 아니라 할지라도 언젠가는 화려한 무대로 나갈 수 있는 기회가 생길 것입니다. 천재이며 능력이 아무리 뛰어나다 하더라도 꾸준한 연습 없이는 자신에게 온 기회를 놓치고 맙니다. 그러므로 준비된 성공을 위해서는 실력을 키우는 기간을 지겨워하거나 짜증내지 마세요.

원대한 목표가
큰인물을 만든다

목표를 세울 때는 개인적인 성공이 아닌,
사회에서도 의미 있는 성공이 무엇인지 고민해야 한다.

　　세계적으로 성공한 사람들은 남다른 목표를 갖고 있습니다. 일본 최고의 부자인 소프트뱅크 손정의 사장은 재일교포라는 핸디캡을 안고서도 일본에서 가장 성공한 입지전적인 인물로 통합니다. 얼마 전 후쿠시마 지진 때도 100억 엔을 기부해 화제가 되었는데, 우리나라 돈으로 환산하면 1400억 원이나 됩니다. 게다가 그는 자신이 퇴직할 때까지의 연봉을 모두 기부하겠다고 발표해 사람들에게 더욱 존경을 받고 있습니다. 재일교포임에도 그는 일본 청년들에게 '일본 총리가 되기를 바라는 인물' 1위로 뽑혔습니다.
　　그가 일본 최고의 사업가, 지도자가 될 수 있었던 이유는 다른 사람과는 비교할 수 없을 정도로 원대하고 거창한 목표를 세웠기 때문입니다.

20대에는 자신의 이름을 알리는 것이 목표였고, 매일 한 가지씩 발명을 하는 것이 목표였습니다. 30대에는 1000억 엔의 자금을 모으고, 40대에 사업과 인생의 승부수를 던지고, 50대에 완성하여 60대에 후계자에게 사업을 넘겨준다는 목표를 세웠지요. 그는 큰 꿈을 갖고 꿈의 단계에 맞춰 10년마다 구체적인 인생 목표를 세웠습니다.

목표는 우리의 뇌를 원하는 방향으로 집중시킵니다. 예를 들어 잘 안 풀리는 일이 있으면 하루 종일 그것에 대해 골똘히 생각합니다. 그러다 보면 주변에서 일어나는 모든 일들이 고민하고 있는 생각과 연관됩니다. 이때 핵심적인 실마리를 발견하면 순식간에 해결되지요. 뇌가 목표에 집중하고 있기 때문에 이전에는 생각지 못한 아이디어가 떠오르는 것입니다.

목표가 클수록 그리고 그 목표를 반드시 달성하겠다는 의지가 클수록 우리의 두뇌는 더 큰 능력을 발휘하게 됩니다.

원대한 목표를 세울 때는 이 목표가 우리 사회에 가치가 있는지 살펴봐야 합니다.

개인적인 의미의 목표는 달성해야 할 동기를 잃어버리면 존재 가치가 사라집니다. 무엇을 하고, 어떻게 살아야 할지 모르니 방황하게 됩니다. 미국 하버드대학교에 가장 많이 입학하는 외국인은 한국 학생이지만, 가장 졸업을 못하는 학생 또한 한국 학생이라고 합니다. 그 이유는 목표가 잘못되었기 때문입니다.

"공부 잘해서 서울대나 하버드대 가라."

"과학에 흥미가 있으니 열심히 공부해서 과학자가 되어 노벨상을 타야지."

"의사, 변호사, 회계사 같은 직업을 가져야 안정된 삶을 누릴 수 있어."

어릴 때부터 부모에게 무엇이 되라는 말은 많이 들었지만, 막상 이 목표를 통해 얻을 수 있는 가치에 대해서는 들어 본 적도, 생각해 본 적도 없는 학생들이 많습니다. 인생의 목표가 좋은 학교에 들어가고, 좋은 직업을 얻는 것이라면 얼마나 초라한가요?

자신에게 뿐만 아니라 다른 사람들에게도 도움이 될 수 있는 인생의 목표를 잡으세요. 공허한 자기실현이 아니라 남과 더불어 나누며 행복하고 의미 있는 성공을 꿈꾸는 사람이야말로 진정한 삶의 성공자가 될 수 있답니다.

무엇을 하든 적극적으로
배우는 자세로 임하라

어떤 일을 하든 그 안에서 배울거리를 찾을 수 있는 사람은
그것을 바탕으로 성공의 지혜를 쌓아 올릴 수 있다.

하버드대학교에서 행복학 강의를 하고 있는 탈 벤 샤하르는, 가장 성공한 사람은 평생 배우는 사람이라고 했습니다. 그런데 요즘 학생들 중에는 세상을 배우려는 자세 없이 자신의 능력을 과신하고 자만하는 경우가 많습니다. 어떤 일을 시작할 때 자신의 위치와 이름에 걸맞은 일인지 재 보고, 가치가 없어 보이면 소홀히 생각하지요. "내가 이런 일이나 할 사람이야?"라고 말하며, "나를 인정해 줄 만한 일을 만나면 정말 열심히 할 텐데."라고 투덜거립니다. 하지만 이렇게 하루 종일 불평불만을 늘어놓다 보면 어떤 것도 배울 수 없고, 발전할 수 없습니다. 성공을 하려면 무엇을 하든 배우는 자세

로 열심히 해야 합니다.

　미국 최고의 부자였던 철강왕 카네기는 어렸을 때 무척 가난해서 학교를 다니는 대신 방적공장에서 일을 해야 했습니다. 그의 꿈은 사업가가 되어 돈을 많이 벌어 가난에서 벗어나는 것이었지요. 하지만 처음부터 사업을 할 만한 능력이 된 것은 아니었습니다.

　처음에 카네기는 다른 사람 밑에서 여러 가지 일을 했습니다. 방적공으로 2년 간 일을 했고, 그 다음에는 전보배달원이 되었지요. 이때 전신 수신 기술을 독학으로 배워 일류 전신기사가 되었습니다. 3년쯤 후에는 철도원이 되었습니다. 카네기는 무엇이든 열심히 하면서 주변 사람들에게 신뢰를 얻었습니다. 그래서 25세의 나이로 피츠버그 철도원의 총책임자가 될 수 있었습니다. 주어진 일이 무엇이든 일인자가 되기 위해 노력했기 때문에 누구보다도 빨리 승진할 수 있었지요. 그리고 그는 이를 통해 사업 아이템도 잡을 수 있었습니다.

　미국에서 남북전쟁이 일어나자 카네기는 정부 소속 철도원이 되어 군인과 군수물자 운송에 힘썼습니다. 카네기는 그 일을 통해서 앞으로 철도가 더 확장되고 철강의 수요도 증가하리라는 것을 예상할 수 있었습니다. 전쟁이 끝나자 그는 철강회사를 설립하고 철강 제조법의 개선과 혁신을 추진해 세계에서 가장 큰 철강회사로 키웠습니다. 자신이 하는 일에 관심을 덜 기울였거나 게을렀다면 결코 얻을 수 없었던 정보와 안목을 성실한 태도로 얻게 된 카네기는 당시 가장 성공한 사업가의 대표 모델이 되었습니다.

그런데 카네기가 위대한 점은 그가 돈만 많은 갑부가 아니라 자신이 모은 재산을 사회에 환원하는 데도 적극적이었다는 점입니다. 카네기는 66세에 자신의 회사를 4억 8000만 달러에 팔고 은퇴해 제2의 인생을 시작했습니다. 은퇴 후 가장 먼저 한 일은 전 세계에 공공 도서관을 짓는 일이었습니다. 그는 전보배달원 시절, 빌린 책으로 많은 것을 배울 수 있었습니다. 자신이 받은 독서의 혜택에 보답하기 위해 전 세계에 2811개의 도서관을 세워 나갔던 것입니다. 전 세계에 있는 카네기 도서관 입구에는 '빛이 있으라'라는 글귀와 함께 떠오르는 해의 그림이 새겨져 있습니다. 도서관을 찾는 누구나 지혜의 빛을 얻었으면 좋겠다는 카네기의 마음이기도 합니다. 어떤 일을 하든 그 안에서 지혜를 배워 나간 카네기에게 가장 어울리는 문구이기도 합니다.

우물에서 빠져나와 세상을 바라보라

성공하는 꿈은 종류에서 차이가 나지 않고 크기에서 차이가 난다.
부모가 강요한 꿈이 아니라 자신만의 희망찬 꿈을 꾸자.

성공하는 사람은 꿈의 종류에서 차이가 나지 않고 크기에서 차이가 납니다. 광고계의 오스카상이라고 불리는 클리오 어워드상, 미국광고협회의 애디 어워드상 등 국제 광고제에서 한국의 위상을 드높인 광고디자이너 이제석을 보면 꿈의 크기가 얼마나 중요한지 알 수 있습니다.

그는 학생 때 공부를 못했습니다. 미술대학에 들어갔지만 취업이 안 되어 동네에 간판집을 차렸지요. 하지만 동네 사람들은 그의 실력을 인정하지 않았습니다. 오기가 생긴 그는 자신의 꿈을 더 크게 잡아 보기로 했습니다. 이왕이면 세계 최고의 광고쟁이들이 모이는 뉴욕에서 자신의 실력을 펼쳐 보기로 목표를 세웠습니다.

스스로 꿈을 발전시켜 보니 해야 할 일들이 눈에 보이기 시작했습니다. 그는 1년여 동안 미군 부대에서 공짜로 미술 수업을 해 주며 영어를 익혔습니다. 2006년 뉴욕의 스쿨오브비주얼아츠에 입학한 그는 6개월 뒤부터 세계적인 광고 공모전에서 잇따라 입상했습니다. 그리고 졸업 후 미국 최대의 광고 회사에 스카우트되었습니다.

그는 잘나가는 뉴요커 광고 디자이너로서의 인생을 살아갈 수도 있었습니다. 하지만 그의 꿈은 여기서 멈추지 않았습니다. 2년여의 회사 생활을 끝으로 자신의 광고 연구소를 만들었습니다. 광고 디자인 분야에서 유명해지는 것이 그의 꿈은 아니었기 때문입니다. 그는 좋은 광고로 사회를 바꾸고 싶었습니다. 도움이 필요한 사람을 위한 광고, 상품뿐 아니라 정치, 경제, 사회, 문화적 이슈를 다루는 광고로 사회를 바꾸자는 게 목표였지요. 지금도 그의 꿈은 현재진행형입니다.

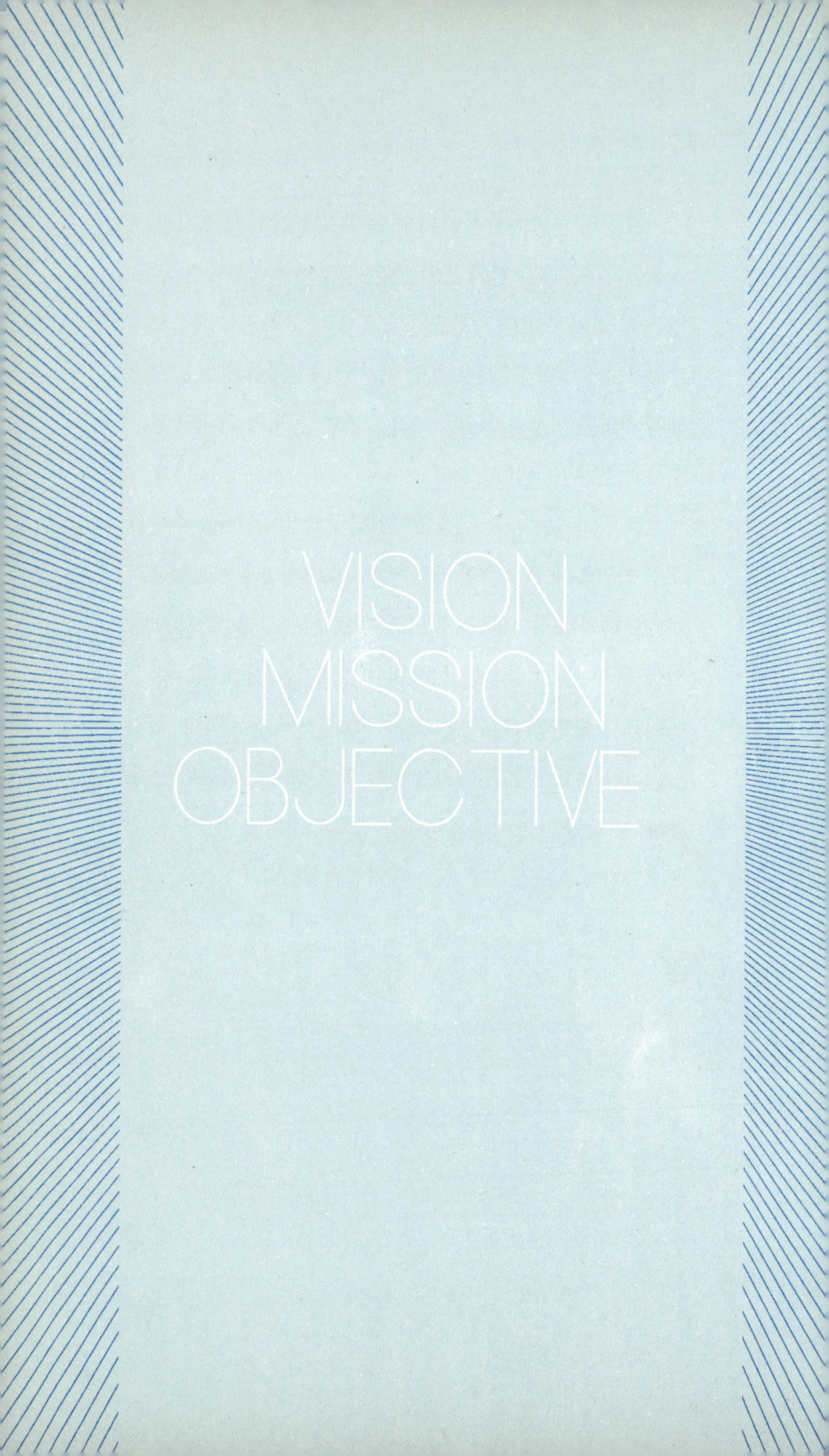

'비전에 의한 삶'을 살자

자신을 믿어라. 자신의 능력을 신뢰하라.
겸손하지만 합리적인 자신감 없이는 성공할 수도 행복할 수도 없다.
―노먼 빈센트 필

우리 삶에서 비전이 왜 중요할까?

비전은 우리 삶의 목적과 이유를 만들어 주는 목표이다.
비전이 없는 사람은 삶의 기준이 없기에 성공도 실패도 없다.

우리 인생은 선택의 연속입니다. 우리 인생에 막대한 영향을 주는 선택들이 있습니다. 그중 하나가 대학 진학일 것입니다. 어느 대학, 어느 학과를 선택하느냐에 따라서 인생의 방향도 많이 달라집니다. 많은 학생들이 대학에 들어가기 위해 열심히 공부하는 것도 자신의 인생 방향을 좀 더 멋진 곳으로 돌리고 싶기 때문입니다.

대학 진학을 할 때는 자기 실력과 적성, 각 대학의 최근 평가, 학과의 인기도 또는 전망, 부모 형제의 조언, 담임선생님의 의견 등 많은 정보를 수집하고 분석해 그 시점에서 최선의 곳을 선택하게 됩니다.

여기서 두 학생을 살펴보지요. 같은 조건의 두 학생 중 한 명은 자신만의 비전을 갖고 있고, 다른 한 명은 비전이 없었습니다. 이 둘은 어떤 기준으로 대학을 선택할까요? 비전이 있는 학생은 당연히 비전을 더 키울 수 있는 학교와 학과를 선택할 것입니다. 한편 비전이 없는 학생도 나름대로 여러 정보를 수집해 최선의 선택을 하겠지요.

언뜻 보면 두 학생 다 최선의 선택을 한 것에는 변함이 없습니다. 하지만 이 두 선택에는 큰 차이가 있습니다. 비전을 갖고 있는 학생은 자신의 비전을 발전시킬 수 있는 학문에 흥미를 갖고 열심히 공부하며, 재미있고 적극적으로 대학 생활을 보낼 것입니다. 반면에 비전이 없는 학생은 입학한 학과가 앞으로의 비전과 안 맞을 수도 있습니다. 만일 이 학생이 대학 재학 중에 자기 비전을 못 찾아도 일단 문제가 없는 것처럼 보이지만, 나중에는 결국 큰 손해를 볼 수 있습니다. 혹은 현실에 맞춘 비전만을 정해야 하는 제한이 생깁니다. 예를 들어 자신이 전자공학과에 갔기 때문에 비전을 전자공학 관련 일로만 찾아야 하는 경우가 생기는 것이지요.

하나의 비전을 하나의 높은 산으로 비유한다면, 이 세상에는 수없이 많은 산이 있습니다. 우리는 그중 하나를 목표로 삼고, 그 산의 정상에 오르기 위해 노력합니다. 정상으로 가는 길은 힘들게 올라가는 직선 코스가 있는가 하면, 시간이 걸려도 돌아서 올라가는 길도 있습니다. 가끔은 가다가 길을 잃을 수도 있지요.

그런데 만일 비전이 없고 인생의 목표가 없다면 어떤 선택을 하든지, 어떻게 살든지 아무런 상관이 없을 것입니다. 기분이나 마음 내키는 대로 살면 그만인 것이지요. 다시 말해 인생의 목표가 없으면 그 인생에는 성공도 없고 실패도 없습니다. 성패를 판정할 기준이 없기 때문입니다.

part 1에서 보았듯이 자기 인생에서 무엇인가를 이루고 싶은 사람은 우선 비전이 있어야 합니다. 계획을 세워 실천하여 성공하느냐, 성공하지 못하느냐는 그 다음 문제입니다.

비전을 세우면
성공 인생의 길이 열린다

비전은 자기 발견, 비전 정립, 목표 달성을 위한 계획 수립,
실천의 4단계를 거치면서 수립되고 이루어진다.

　　비전을 세우는 것은 인생의 성공에 있어 가장 중요한 요소이지만, 여기서 그친다면 결코 성공할 수 없습니다. 비전에 따른 구체적인 목표를 정하고, 실천해 나갈 때 비로소 성공을 향해 한 걸음씩 나아가게 되는 것이지요.
　　비전을 제대로 수립하려면 우선 자기 자신에 대해 제대로 알아야 합니다. 즉 비전 수립의 첫 단계는 '자기 발견'입니다. 비전은 크게 사명과 목표로 구성되는데, 이것을 정하기 위해서는 우선 자기가 하고 싶고 해야 하는 일이 무엇인지 잘 알아야 합니다. 그러기 위해서는 자신을 돌아보고 자신의 능력이 어느 정도이며, 어떤 가치관을 갖고 있는지 정확하게 파악해

야 합니다.

다음은 꿈을 그리는 단계입니다. 비전을 세우고 사명과 목표를 정리하는 단계이지요. 목표는 최대한 구체적으로 잡아야 합니다.

비전 정립이 끝나면 다음은 자기가 아는 최선의 방법을 써서 목표 달성을 위한 계획을 세웁니다. 목표 달성 계획은 인생 계획이기도 합니다. 살아가면서 이루어야 할 목표이기에 비교적 긴 계획을 세우게 됩니다. 그런데 계획이 장기적이기만 해서는 달성하기가 쉽지 않지요. 따라서 장기 계획, 중기 계획, 단기 계획 등 기간별로 세우는 것이 필요합니다. 이렇게 목표 달성을 위한 계획이 수립되면 나머지는 실천이며 노력입니다.

비전 달성의 단계는 자기 발견, 비전 정립, 목표 달성을 위한 계획 수립, 실천으로 이어지지만, 반대 방향으로 거슬러 올라가는 연결도 필요합니다. 즉, 각각의 단계에서 이전 단계로 돌아가 필요한 수정 및 보완 작업을 할 수도 있다는 것입니다. 예를 들어 목표를 세워 실천을 하는데 그동안 새로운 사회적·기술적 변화가 생겼다면 그것을 감안한 새로운 계획이 필요합니다. 사는 동안 가치관에 변화가 생길 수도 있겠지요. 이때는 새로운 가치관에 맞는 새로운 비전을 재정립해야 합니다.

전체적인 인생 성공을 위한 비전 달성의 단계를 살펴봤으니 이제 각 단계별로 자세히 알아보도록 하겠습니다.

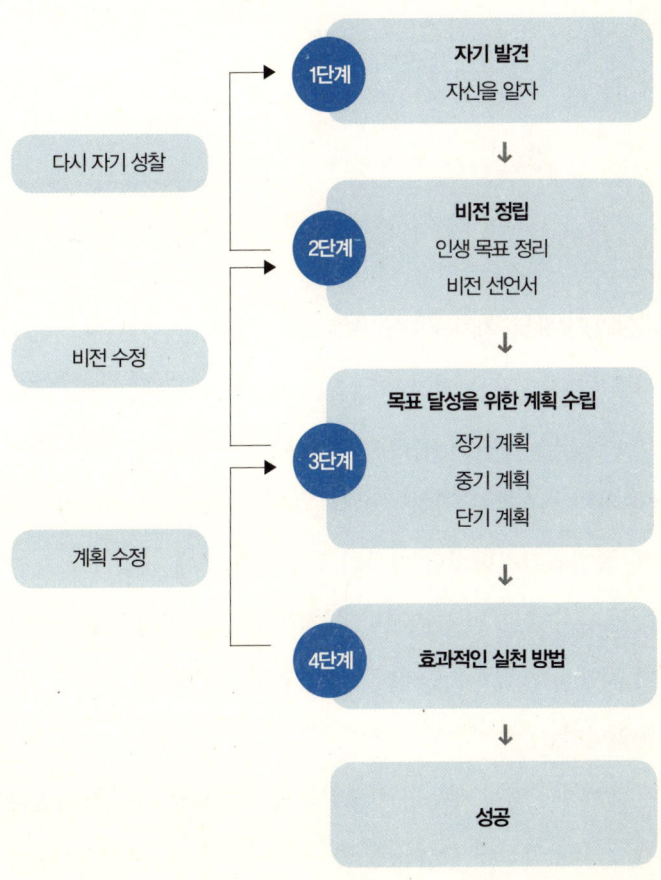

성공 비전 1단계
자기 발견

자신의 인생관과 가치관을 살펴보자

나를 안다는 것은 쉽지가 않습니다. 인간의 "나는 누구이고, 무엇인가?"라는 질문은 아주 오래된 철학적 주제이기도 하지요. 자기 스스로를 제대로 안다는 건 복잡하고 어려운 일입니다. 종합건강진단처럼 검사가 끝나면 자신에 대해 일목요연하게 알 수 있으면 좋겠지만, 아직까지 그런 방법은 만들어지지 않았지요. 단편적인 답을 얻기 위한 도구와 방법론이 있을 뿐입니다.

다행히 비전을 세우기 위해서는 총체적으로 자신을 성찰하지 못해도 자신이 평생을 통해 하고 싶은 일이 무엇인지를 정확히 알면 됩니다. 그 일이 내가 잘하는 분야라면 금상첨화겠지요. 하지만 학생들인 경우 아직까지 자신이 평생 동안 하고 싶은 일을 찾지 못했거나 이것저것 다 해 보고 싶기도 합니다. 하고 싶은 것이 많으면 잘 살펴서 그중에 가장 하고 싶은 하나를 선택해 비전으로 삼으면 됩니다.

내가 어떤 것을 잘하고 못하는지, 혹은 좋아하고 싫어하는지는 어려서부터 지금까지 칭찬받은 기억이나 내 자신을 돌아보면 알 수 있습니다. 더 정확하게 알고 싶다면 성격검사나 적성검사를 통해 알아볼 수도 있지요. 적성검사는 어떤 특정한 환경이나 업무가 자신에게 얼마나 맞는가를 평가하는 도구입니다. 성격검사는 자신의 성격을 분석하면서 자기에게 맞는 직업이나 업무를 알아내기 위한 도구입니다. 이런 검사들은 겉으로 드러나는 성격 외에 자신도 미처 알 수 없었던 이면의 성격이나 가치관도 보여 줍니다.

자신의 가치관을 알아보고 확인하는 것은 다음 단계인 비전을 정립하는 데 중요합니다. 인생관이나 가치관은 어릴 때부터 살아오는 과정에서 형성되기 때문에 앞으로 살아갈 방향도 제시해 줍니다. 즉, 자신의 가치관과 맞는 삶을 살아야 행복과 보람을 느낄 수 있는 것이지요.

하지만 명심할 것은 검사의 결과에 무조건 따라갈 필요는 없다는 점입니다. 내 인생의 주인은 어디까지나 나입니다. 검사 결과는 참고만 하면 충분합니다. 비전을 세우기 위해서는 결국 자신의 생각과 의지가 가장 중요하답니다.

성공 비전 2단계
비전 정립

비전 정립을 위해서는 사명을 세우고, 목표를 정해야 한다

자기 자신에 대해 어느 정도 알게 되었다면 그 다음 단계는 비전을 정립하는 단계입니다. 그렇다면 비전은 과연 무슨 뜻일까요? 정확한 뜻을 통해 비전의 의미를 한번 살펴봅시다.

'비전'을 국어사전에서 찾아보면,

① 꿈
② 이상
③ 공상
④ 시각

이라는 뜻이 나옵니다. 우리가 흔히 말하는 비전은 ①의 꿈에 가깝습니다. 나아갈 방향이라고도 생각할 수 있고, 꿈이나 포부라고도 할 수 있지요.

이번에는 'vision'을 영어사전에서 찾아보았습니다.
① your ability to see. (시력)
② a picture in your mind of a possible situation or scene. (가능한 상황을 마음속으로 그려 보는 것)
③ something that you seem to see, especially in a dream, as part of a powerful religious experience. (강력한 종교적 경험의 한 부분으로 꿈 따위를 통해 눈앞에 떠오르는 어떤 광경)
④ the knowledge and imagination that are needed in planning for the future with a clear purpose. (명확한 목적을 지니고 미래를 설계할 때 필요한 지식과 상상력)

으로 되어 있는데, 우리가 말하는 비전의 의미는 바로 ④번이지요.

정리해 보면 비전은 미래에 자신이 무엇이 되고, 어떤 일을 할지에 대한 '꿈'을 꾸는 것입니다.
비전은 두 가지 요소로 이루어져 있습니다. 하나는 사명이고, 또 다른 하나는 인생의 목표입니다. 비전을 V, 사명을 M,

목표를 O로 한다면 V=(M, O)라는 식으로 표현할 수 있지요. 사명은 꿈을 만들고 평생 추구해 나아가야 할 방향인 반면, 인생의 목표는 좀 더 구체적으로 어떤 일을 해 나가고 달성할 것인가를 정하는 것입니다. 보통 큰 범주의 사명을 세운 뒤 인생의 목표를 정하게 되지만, 사명과 목표가 동시에 정해지기도 합니다. 오히려 구체적이고 확고한 인생의 목표가 있다면 이를 바탕으로 인생의 사명을 만들기도 합니다.

슈바이처의 "나는 평생을 아픈 사람을 위해 바친다."라는 결심은 사명에 속하고, 소프트뱅크 손정의 사장이 "20대에는 내 이름을 알리고, 30대에 1000억 엔대의 부자가 된다."는 결심은 구체적인 인생 목표에 속합니다.

먼저 사명을 세운 슈바이처는 자신의 사명에 따라 인생의 길을 걸어 나갔습니다. 의대에 들어가고, 구호단을 차리고, 평생 아프리카에서 봉사 활동을 펼쳤지요. 반면에 인생 50년 계획이라는 구체적인 인생 목표를 정한 손정의 사장은 자신의 인생 목표를 바탕으로 사명을 이끌어 낼 수 있었습니다. 그는 자신의 성공이 사회적으로 어떤 의미를 가져야 하는지 고민하며 사업가인 자신의 사명은 젊은이들에게 더 많은 기회를 주는 것이라고 여겼습니다. 그는 현재 젊은이들이 다양한 아이디어를 기반으로 벤처 사업을 벌일 수 있도록 도와주고 있습니다. 이를 통해 제2, 제3의 손정의를 만들어 세계 경제에 이바지하는 것을 자신의 사명으로 정했기 때문입니다.

사명은 자기의 인생관을 바탕으로 자신의 존재 이유가 무엇인지, 무엇을 하고, 어디로 가려고 하는지를 추상적으로 표현한 결심입니다.

사명이 막연하면 인생의 목표를 잡을 수 없고, 주체적인 인생을 살기 힘듭니다. 사명이 광범위하면 무엇을 해야 할지 초점이 흐려져 정작 구체적인 인생 목표를 도출하는 데 효과적이지 못합니다. 예를 들어 '착하게 살자'를 자신의 사명으로 정할 경우 착하게 사는 정도와 방법은 수없이 많은데, 그중에서 자신에게 맞는 목표와 기준을 잡기는 쉽지 않은 것과 같습니다. 그러므로 사명은 자신의 상황에 맞춰 구체화시킬 수 있도록 세워야 합니다.

어떤 사람은 교사가 되어 미래의 꿈나무를 키우는 것을 자신의 사명으로 삼고, 또 어떤 사람은 경찰관이 되어 사회의 안전을 책임지는 것을 사명으로 세울 수도 있습니다. 좀 더 크고 넓은 사명을 생각하는 사람도 있겠지요. 예를 들어 자신의 한 몸을 바쳐 아프리카의 가난한 아이들을 위해 봉사하겠다는 다짐은 일반인들이 쉽게 갖지 못하는 사명일 것입니다. 하지만 크든 작든 개인의 이익이 아니라 더불어 사는 사람들에게 자신이 어떠한 위치에서, 어떤 도움을 줄 수 있는지를 정하는 것이 사명이라 할 것입니다.

내 인생의 존재 이유는 무엇인가?

먼저 사명에 대하여 생각해 보겠습니다.

래리 멜런은 부잣집 아들로 태어나 사업을 하며 바쁘게 지냈습니다. 그러던 중 1947년 어느 날, 한 잡지에서 우연히 슈바이처에 관한 기사를 읽게 됩니다. 그때 비로소 멜런은 자기 인생의 길을 발견합니다. 가난한 사람들을 위해 봉사를 해야겠다는 마음은 늘 있었지만 일상에 쫓기다 보니 이를 위한 비전을 세울 기회나 구체화할 과정을 가질 수 없었던 멜런은 그제야 자신의 인생을 되돌아보게 되었습니다. 결국 그동안 자신이 진정으로 원하던 삶을 살지 못했다는 것을 깨닫게 됩니다. 그래서 늦었지만 37세에 다시 의대에 들어갔으며, 의대 공부를 마친 후 아내와 함께 아이티에서 의료 봉사 활동을 했습니다. 슈바이처 못지않은 공헌을 한 그를 사람들은 '아메리칸 슈바이처'라고 부릅니다.

멜런은 인생의 중반에야 진정한 자기 비전을 찾을 수 있었습니다. 그러나 그가 젊었을 때부터 인생의 가치관을 세우고, 자신이 정말 하고 싶은 일을 모색했다면 좀 더 빨리 자신의 비전을 찾고 인생의 존재 이유를 깨달았을 것입니다. 그랬다면 더 많은 공헌을 할 수 있었겠지요.

사명을 세운다는 것은 인생의 존재 이유를 찾는 것입니다.

우리는 순간순간에 충실하지만 막상 인생 전체를 살펴봤을 때는 자신이 왜 살아가는지 몰라 혼란스러운 경우가 많습니다. 자신의 존재 이유를 모르다 보니 그저 찰나의 쾌락에만 몰두하거나 그것도 공허해지면 자신의 삶을 포기해 버립니다.

한국인의 자살률이 세계 최고인 이유도 그만큼 많은 사람들이 자신의 사명을 찾지 못했기 때문으로 보입니다. 부모가 원하는 대로, 학교 선생님이 시키는 대로 살아가다 보니 평온한 삶을 살 수는 있었지만 정작 자신이 살아야 할 의미는 찾지 못해 방황을 하는 학생들이 많습니다. 결국 자신의 존재 이유를 발견하지 못한 학생은 자살이라는 극단적인 선택으로 자신을 부정해 버리기도 합니다.

반대로 사회에서 뒤처진 학생의 경우에도 자신을 가치 있는 사람이라고 생각하지 못하고 삶에 대해 절망합니다. 공부를 못한다는 이유만으로 무시당하고, 바보 취급을 당하다 보니 자존감이 떨어지며 늘 움츠러들게 되는 것이지요. 하지만 공부를 못했다고 인생의 패배자이고, 공부를 잘하는 것만이 인생의 승리자가 되는 길일까요?

길가의 작은 풀에도 존재의 이유가 있습니다. 〈강아지똥〉이라는 동화가 있습니다. 보잘것없는 자신을 부끄러워하던 강아지똥은 민들레 씨앗이 자신의 위로 떨어지면서 새로운 삶의 의미를 찾습니다. 자신을 희생해서 아름다운 민들레꽃을 피우는 것을 사명으로 삼은 것이지요. 강아지똥은 더 이상 보잘것없는 피조물이 아니었습니다. 민들레꽃의 거름이라는 새로운 존재 이유를 찾음으로써 새로운 생명을 탄생시키는 힘을 갖게 되었지요.

우리가 사명과 목표를 세우고 실천하며 성공을 위해 노력하는 것도 궁극적으로는 자신의 존재 이유를 세상에 알리려는 욕구 때문입니다. 인간은 사회적인 동물이기 때문에 다른 사람들과 함께 살아가는 것에서 자신의 존재 가치를 얻습니다. 이때 자신이 어느 위치에 설 것인가는 스스로의 선택에 달려 있습니다. 자신의 위치를 스스로 선택한 것이라면 갈등이 없고 행복할 것이며, 이에 맞는 사명과 목표를 세울 수 있을것입니다.

반면에 아무리 좋아 보인다 해도 자신이 선택하지 않은 삶을 사는 사람은 이를 통해 인생의 존재 이유나 행복을 얻을 수 없습니다. "평안 감사도 제가 싫으면 그만"이라는 속담처럼 남들이 보기에는 부러운 자리나 일이라 하더라도 정작 본인은 늘 불행하고 괴로울 수도 있습니다.

아무리 작은 것이라도 스스로의 힘으로 이루어 낸 것이 가장 가치 있습니다. 요즘은 영악하게 부모에게 기대거나 부모의 지위나 재산을 이용하지 않는 것이 오히려 멍청하고 우둔한 것처럼 여겨지기도 합니다. 이는 자신의 이기심을 이용해 욕심을 채우는 것이지 자신을 찾는 길은 아닙니다.

　세계적인 갑부인 빌 게이츠가 자기 아이들에게 함부로 용돈을 주지 않는다는 것은 널리 알려진 사실입니다. 부모의 부를 그대로 물려받거나, 부모의 부에 기대는 사람은 자신이 이룬 것이 아니기 때문에 흥청망청 써 버리거나 반대로 부모의 유명세에 눌려 자신의 가치를 찾기가 힘들기 때문입니다. "3대를 가는 부자 없다."는 속담처럼 말이지요.

　어른이 되었는데도 누군가에게 기대고, 기생하는 사람이 성공을 할 리가 만무합니다. 성공은 반드시 세계 최고를 의미하는 것은 아닙니다. 자신의 인생 과정에서 스스로 '잘 살았다. 내 꿈대로 살았다.'고 평가할 수 있다면 그는 성공한 것입니다. 그리고 이런 평가는 자신의 삶의 존재 이유를 깨달은 사람만이 얻을 수 있는 결과랍니다.

사명 형성의 방법, 톱다운(top-down)과 바텀업(bottom-up)

사명은 인생철학과 같습니다. 인생이 왜 존재하고 왜 가치 있는가를 기술하는 것이지요. 사명은 인생을 안내하는 등대이기 때문에 일하기 힘들 때, 자신감을 잃었을 때, 방향 감각을 잃었을 때, 기회가 있을 때마다 되돌아보며 흔들리지 않게 도와줍니다.

　사명을 개발하는 방법에는 두 가지가 있습니다. 하나는 우선 사명을 정하고 구체적인 실천 방법을 생각하는 것으로, 톱다운(top-down) 방법이라고 합니다. 연역식 방법이라고 생각하면 되지요. 이 방법을 사용하기 위해서는 우선 사명을 정의하는 것이 중요합니다. 그러려면 자신이 하고 싶은 것이 무엇인지 살핀 후 이것을 발전시켜 사명으로 삼거나 주변에서 또는 동서고금의 위인 중에서 자신이 존경하는 사람을 찾고 그 사람의 삶을 분석하면서 사명을 도출해 내는 것이 필요합니다.

테레사 수녀를 존경합니까? 테레사 수녀와 같은 존재가 되고 싶습니까? 테레사 수녀가 삶을 통해 보여 준 기본 정신은 무엇입니까? 테레사 수녀의 사명은 무엇이라고 생각합니까?

에디슨을 존경합니까? 에디슨과 같이 되고 싶습니까? 에디슨이 이룬 업적은 무엇입니까? 에디슨의 사명은 무엇이라고 생각합니까?

인생에 대해, 세상에서 자기의 역할에 대해 조금이라도 생각한 사람은 비교적 쉽게 사명을 정의할 수 있습니다. 그런데 그렇지 못한 경우도 있습니다. 그때는 자기가 하고 싶은 구체적인 직위나 직업에서 시작해 사명을 만들어 갈 수도 있습니다. 이것을 바텀업(bottom-up) 방법이라고 하며, 귀납식 방법입니다. 하고 싶은 것에서부터 시작하여 추상화 과정을 거쳐 사명을 만드는 것이지요.

누구나 어릴 때는 꿈을 갖고 있습니다. 그리고 이 꿈을 바탕으로 앞으로의 진로를 정했을 것입니다. "나는 의사가 될 거야.", "벤처기업가, 교사, 외교관이 될 거야." 등등을 말이지요. 만약 그런 것도 없다면 먼저 무엇을 하고 싶은지 찾아야 할 것입니다. 올라가고 싶은 직위나 갖고 싶은 직업이 있다면 왜 하고 싶은지 분석하는 것이 바텀업 방법의 시작입니다.

어떤 방법으로 사명을 정립하든 사명을 정할 때는 조금 넓고 느슨하게 하는 것이 좋습니다. 예를 들어 영화감독이 꿈이라면, 우선 영화감독이 되었을 때 할 수 있는 사명을 만드는 것입니다.

우선 자신이 왜 영화감독이 되고 싶은지 생각해 보아야 합니다. 자신이 왜 영화감독을 하고 싶은지, 그저 연예인들을 많이 만나고, 직업이 멋져 보여서 정한 꿈은 아닌지, 아니면 돈을 많이 벌 수 있기 때문에 영화감독이 되고 싶은 건지 살펴봐야 합니다.

실제 영화감독이라는 직업을 들여다보면 이러한 생각들이 모두 잘못된 것이라는 걸 쉽게 알 수 있습니다. 돈을 벌려면 다른 방법이 더 효과적입니다. 한 해에 만들어지는 수백 편의 영화 중에서 성공한 영화보다는 실패한 영화들이 훨씬 더 많기 때문입니다. 게다가 영화감독이 되려면 수년 동안 적은 월급을 받으며 스태프 생활을 해야 합니다.

영화감독이 되기 위해서는 이처럼 열악한 환경을 이겨 내고 실패를 딛고 일어설 만한 사명이 필요합니다. 자신의 작품으로 관객들에게 즐거움과 감동을 전해 주고 싶다면, 자신의 사명을 '영화를 만들어 사람들에게 즐거움을 주는 감독'으로 잡아야 합니다.

그런데 영화를 좋아하지만 아직 그 안에서 자신이 뭘 해야 할지 모르는 경우도 있을 것입니다. 이때는 '영화를 통해 사람들에게 즐거움을 주는 사람'으로 사명을 좀 넓게 만들어 놓는 것이 좋습니다. 영화에는 감독만 필요한 것이 아닙니다. 세트를 디자인하는 사람, 3D 효과를 만드는 사람, 배경음악을 넣는 사람, 동시녹음을 하는 사람, 촬영하는 사람, 제작을 맡은 사람과 홍보를 하는 사람까지 수없이 많은 사람들이 필요합니다.

사명을 넓게 잡아 놓으면 영화관을 운영하는 일, 영화 제작뿐만 아니라 영화를 유통하는 일도 사명에 맞는 직업이 됩니다. 조급하게 생각하지 말고 자신의 사명을 이루기 위해 노력하다 보면 어느새 자신의 구체적인 목표가 세워질 것입니다. 어떤 방법이 되었든지 올바른 사명을 형성하는 것이 인생의 가치를 높여 준다는 것을 잊지 마세요.

사명을 세운 후에는 최대한 빨리 구체적인 인생 목표를 정한다

인생 목표가 반드시 고유하고 창조적일 필요는 없습니다. 그러나 일반적으로 각자의 배경이 다르고, 능력이 다르고, 장단점도 다르기 때문에 자연히 각자 다른 인생 목표를 갖게 되는 것입니다.

그러면 인생 목표는 언제까지 정해야 할까요? 언제까지라는 기준은 없습니다만 사명이 확립되어 있다면 빠르면 빠를수록 좋습니다. 왜냐하면 인생의 목표가 세워지면 가는 방향이 확실해지기 때문입니다. 인생의 기로에서 어느 길을 택해야 할지 흔들리지 않고 쉽게 결정할 수 있지요.

자기 인생 목표가 정해져 있으면 학창 시절을 어떻게 보내야 할지 명확해집니다. 예를 들어 학구적인 목표를 찾고 있는 학생은 열심히 공부를 할 것이고, 앞으로 CEO가 되겠다는 학생은 폭넓게 친구를 사귀고 리더십을 키우고 외국어 공부에 매진할 것입니다.

그러나 때가 될 때까지 더 이상 구체화하기 힘든 경우도 있습니다. 예를 들어 '화학 분야에서 노벨상을 받을 만한 연구를 하겠다.'고 마음먹었다면 대학과 학과의 결정, 더 나아가 대학원의 선택까지는 할 수 있어도 구체적으로 어떤 연구를 해서 학문적으로 공헌할 것이냐는 일찍 정하기가 힘듭니다. 관련된 충분한 지식이 없기 때문이지요. 이때는 일반적으로 대학원에 가서 박사과정까지 밟아야 아이디어가 생길 것입니다. 그렇다면 그때까지 아무런 인생 목표를 세우지 않아도 될

까요? 그것은 아닙니다. 공부를 해 나가면서 자신의 레이더를 한껏 곤추세우는 것이 필요합니다. 어떤 분야가 유망한지, 자신이 어떤 연구를 하고 싶은지를 알고 있어야 좀 더 빨리 구체적인 목표를 정할 수 있습니다. '산소가 없는 공간에서도 살 수 있는 유기체를 발견하고 말 테다.'라는 식의 목표는 연구를 통해서 얻은 가설과 확신을 바탕으로 세울 수 있는 것입니다.

물론 인생 목표를 나이 먹어서 정하는 경우도 있습니다. 하지만 이때는 그동안의 시간 낭비를 감수해야 합니다. 문과로 갔다가 고시 준비를 하다가 재수하고 이과로 바꾼다든가, 반대로 공대로 갔다가 그만두고 법대로 가는 경우도 있습니다. 얼마나 시간 낭비입니까! 그래도 "늦었다고 생각할 때가 제일 빠르다."라는 말과 같이 결국 자신이 진정 원하는 길을 찾아 인생의 목표를 정하고, 목표를 이루기 위해 열심히 나아가야 합니다.

우리 인생은 시한부입니다. 결국 끝이 있습니다. 그렇기 때문에 주어진 시간 안에 최대의 일을 하기 위해서는 목표 의식을 갖고 흔들리지 않고 나아가는 것이 필요합니다. 벤저민 프랭클린은 "시간은 인생을 만드는 요소"라고 했습니다. 자신의 인생을 만들 수 있는 시간은 한계가 있기에 더욱 소중하게 사용해야 하는 것입니다. 이것저것 간을 보다가 나이 들어 후회하는 사람이 되어서는 안 되겠지요. 성공하려면 시간을 효율적으로 써야 하고, 결국 최대한 빨리 자신이 최고가 될 수 있는 한 가지 일에 전념해야 합니다. 무엇을 할 것인가? 그것은 결국 자신의 선택입니다.

인생 목표를 세울 때는 SMART 원칙을 고려하라

이번에는 인생 목표에 대하여 생각해 보지요. 사람들은 대부분 인생의 목표를 세우기 어려워합니다. 제가 학생들에게 "자네의 궁극적인 목표는 무엇이냐?"고 물으면 대답이 막히는 경우를 종종 봅니다.

'대학원에 갈까, 가지 말까?'

'대학원에 간다고 하더라도 국내 대학원을 갈까, 유학을 할까?'

'사회로 나간다면 어디서 일을 할까?'

이처럼 단기적인 목표에 대해서만 고민합니다. 그러다 보니 갑자기 인생의 목표에 대한 질문을 받으면 대답을 못하는 것입니다. SMART 원칙은 인생 목표를 세울 때 고려해야 할 다섯 가지 요소를 말합니다. 이를 통해 인생 목표를 세운다면 자연스럽게 자신의 비전도 정립할 수 있을 것입니다.

SMART 원칙을 준수해 목표를 만들면 정해진 기간에 목표를 달성했는지 객관적으로 알 수 있고, 더 나아가 몇 퍼센트를 성취했는지도 알 수가 있습니다. 이를 통해 앞으로 더 발전된 목표를 세워 나갈 수도 있지요. SMART의 5가지 요소는 다음과 같습니다.

목표는 구체적(Specific)이어야 한다

목표를 세울 때는 추상적인 표현을 피해야 합니다. 사랑하는 사람에게 매일 사랑을 전해 주고 싶다면, '나는 그녀를 매일 열렬히 사랑할 거야.'라가 아니라 '나는 그녀에게 매일 장미꽃 한 송이를 줄 거야.'는 식으로 구체적인 행동 목표를 잡는 것이 좋습니다. 마찬가지로 '오늘 하루는 화를 안 낸다.'보다는 '오늘 하루는 욕을 하지 않는다.'는 식으로 자신의 행동을 규정할 수 있는 목표를 선택합니다.

이때 어떤 목표를 선택할 것인지 너무 신중하게 생각하면 정작 목표를 세우지 못하고 어영부영 시간만 보내게 됩니다. 목표가 없으면 자신의 행동이 자꾸만 흔들립니다. 그러므로 인생의 목표가 떠올랐다면 과감하게 결정하세요. 만약 목표가 잘못되었다면 수정하거나 개선하면 됩니다. 물론 그렇다고 인생의 목표를 손바닥 뒤집듯 이렇게 저렇게 바꾸는 것은 안 되겠지요. 깊이 생각해서 결심했다면 어떤 어려움이 있어도 밀고 나가는 노력과 용기가 필요합니다. 최대한 목표 달성을 위해 노력한 후 자신이 이루어 낸 결과를 바탕으로 새로운 목표를 세워야 합니다.

목표는 정량적(Measurable)이어야 한다

목표는 측정할 수 있어야 합니다. 측정 불가능하고 애매모호한 목표는 곤란합니다. 달성 여부를 객관적으로 알 수 있도록 목표와 결과를 정량적으로 표현해야 합니다. 그래야 목표를 세우는 동기도 계획도 구체적이 됩니다.

'돈을 번다', '이웃을 돕는다' 등의 목표가 아니라 '내가 평생 동안 1억 원을 사회에 기부한다.'는 식으로 구체적인 목표를 정하는 것입니다. 이때도 구체적인 기부 계획을 세워야 합니다. 한꺼번에 1억 원을 기부하기는 힘들지만 자신의 현재 수입에 맞춰 매년 얼마씩, 매달 얼마씩 기부해 나가는 계획을 세운다면 자신의 목표를 어렵지 않게 달성할 수 있을 것입니다. 구체적인 인생 목표는 계획이 제대로 진행되고 있는지 확인할 수 있고, 진행 정도에 따라 노력의 정도를 조절할 수 있습니다. 그리고 이 과정을 거치다 보면 기부에 대한 더 깊은 이해가 생기면서 좀 더 심화된 목표를 세울 수도 있습니다. 이전까지 자신의 돈으로만 기부 활동을 펼쳤다면, 기부 활동을 통해 알게 된 사람들과 재능 기부를 하거나 기부 행사를 벌이면서 기부 목표를 키울 수도 있지요.

목표는 실현 가능(Attainable)해야 한다

성공은 우리의 의지와 노력에 달려 있습니다. 도저히 불가능하다고 여겨지는 목표라도 '나는 성공할 수 있다.'는 마음을 가진다면 모두 해낼 수 있습니다. 더 나아가 우리는 다른 사람들이 못했던, 못하는 일에도 도전해야 합니다.

저는 일본에서 대학을 마치고 한국으로 건너왔습니다. 그때 저는 보잘것없는 존재였지요. 한국에서 우리말도 배우고 석사학위를 마친 후 다시 미국으로 유학을 갔습니다. 그리고 미국에서 컴퓨터과학 박사를 받은 후 벨연구소에서 일하게 되었지요. 벨연구소는 당시 세계 최고의 통신 분야 연구소였습니다.

무명의 학생으로 학문에 뜻을 두고 십여 년 간 일본, 한국, 미국에서 공부를 하다 보니 다른 사람이 가질 수 없었던 글로벌한 시야를 갖게 되고, 전문 지식도 깊어졌지요. 그 결과 컴퓨터 분야의 세계 석학들과 동등하게 대화하는 자리에까지 오르게 되었습니다.

그 후 귀국해서 우리나라의 컴퓨터 기술의 국산화와 컴퓨터 학문을 발전시키는 데 일조한 것이 제 보람입니다. 다른 사람들이 이전까지 시도하지 않았던 일이었기에 보람은 컸지요.

하지만 제 원래 목표인 '우리나라의 산업화에 기여한다'에 대해서는 구체적인 실천 계획을 세우지 못해 목표 달성의 기회는 놓치고 말았습니다. 이것이 제 아쉬움이며 '비전에 의한 삶'을 주장하는 이유이기도 합니다.

이루기 힘든 목표와 허무맹랑한 목표는 다릅니다. 성공을 위한 가장 좋은 목표는 꾸준히 비전을 갖고 계획적으로 실천해 이루어 낼 수 있는 것을 말합니다. 목표는 우리를 한계에 부딪치게도 하겠지만 한편으로는 이를 극복하면서 더 큰 능력을 키울 수 있게 해 줄 것입니다.

목표는 현실적(Realistic)이라야 한다

목표는 장기 목표와 단기 목표로 나누어집니다. 특히 단기 목표를 세울 때는 현재 위치에서 목표까지 갈 수 있는 길이 있는지 살펴봐야 합니다. 지금은 막혀 있어도, 지금은 안 보여도 시간이 지나면서 길을 열 수 있는 방법이 있어야 합니다. 이때 그 길을 열 수 있는 방법을 개척하는 것이 단기 목표가 될 수도 있습니다. 예를 들어 자신의 목표가 핵물리학자가 되는 것이라면, 우선 핵물리학자가 될 수 있는 방법이 무엇인지 찾아봐야 하는 것이지요. 대학 진학을 목표로 삼는 이유도 대학에 가는 것 자체가 목표라기보다는 자신이 원하는 것을 하기 위해서는 대학 공부가 필요하기 때문에 목표로 삼는 것이랍니다.

이때 중요한 점은, 목표는 실현 가능해야 한다는 점입니다.

현재 자신의 성적이 그리 좋지 않은데도 핵물리학자가 되려면 미국 하버드대학으로 유학을 가야 한다며 무턱대고 꿈만 하버드대학이라고 정해 놓아서는 안 됩니다. 먼저 현재 자신이 최선을 다하면 갈 수 있는 대학을 정한 후, 그 대학에 가기 위해 어떤 공부와 준비를 해야 하는가 계획을 세우는 것이 필요하지요.

목표는 자기 노력으로 개척 가능해야 합니다. 만일 목표의 달성이 자기가 관장할 수 없는, 자기 노력으로 이룰 수 없는 상황들로 통제받는다면 비현실적인 목표라는 것을 깨달아야 합니다. 이때는 현실적인 목표로 수정하는 것이 필요하지만, 노력하면 극복되지 않는 상황은 거의 없다는 것 또한 명심하길 바랍니다. 느슨한 마음으로 목표를 계속 수정하는 것은 시련을 피하고 극복할 의지가 없는 것으로 볼 수밖에 없습니다.

목표 달성의 시한(Time-bounded)이 있어야 한다

우리의 인생은 유한합니다. 몇 년까지 또는 몇 살 때까지라는 목표 시한이 있어야 달성 동기가 더 또렷해집니다. 목표 시한이 정해지면 이것을 기준으로 달성하기 위한 중기 및 단기 목표에 대한 시한도 자연히 나올 것입니다. 목표를 세울 때는 너무 긴 시간을 잡는 것도, 그렇다고 너무 짧은 시간을 잡는 것도 좋지 않습니다. 자신의 스케줄에 맞는 목표 설정이야말로 성공을 향한 길을 지치지 않고 갈 수 있는 가장 큰 노하우입니다.

비전은 널리널리 공개한다

한 나라를 이끌어 가는 대통령에게 제일 중요한 것은 무엇일까요? 기업을 운영하고 이끌어 가는 CEO에게 제일 중요한 것은 무엇일까요? 얼굴에서 늘 생기가 돌고 매사에 적극적이고 성공적인 사람에게 공통된 특징은 무엇일까요? 모두 비전입니다.

대통령이 나라를 잘 이끌어 나가려면 국민이 충분히 이해하고 따를 수 있도록 국정 운영의 정확한 비전을 제시해야 합니다. 나라가 나아가야 할 방향을 제시하며 국민에게 타당성을 설득하고 앞장서는 것이 대통령의 역할입니다. 여러 사람이 하나의 목표를 바라보며 나아가야 그 목표를 더욱 확실히 달성할 수 있기 때문입니다.

미국의 케네디 대통령은 국민들에게 "1960년대 말까지 인류를 달 위에 서게 하자!"라는 비전을 제시했습니다. 당시에는 달에 간다는 것은 정말 꿈일 뿐이었죠. 하지만 케네디 대통령의 강력한 의지와 확신은 사람들에게 달 탐험이 가능하다는 믿음을 주었습니다. 케네디는 자신의 꿈을 국민 모두의 꿈으로 만들었습니다. 그랬기 때문에 그가 사망한 후에도 달 착류 프로젝트는 계속 이어질 수 있었습니다. 1969년, 인류는 최초로 달 착륙이라는 커다란 한 걸음을 내딛었습니다.

기업 경영자의 제일 중요한 역할도 비전을 알리고 공유하는 것입니다. 현재 많은 조직에서는 더 이상 권위적인 리더나 윗사람을 원하지 않습니다. 늘 했던 대로 하는 관리형 리더는 조직을 발전시킬 수 없기 때문입니다. 멋진 리더는 회사의 비전을 제시하며 직원들에게 꿈을 심어 줍니다.

빌 게이츠가 이끄는 마이크로소프트사의 비전은 "세계의 모든 가정, 모든 책상 위에 컴퓨터를!"이었습니다. 구글의 비전은 "악해지지 말자(Don't be evil)."입니다. 이 의미는 기업의 이익을 위해 고객들을 불편하게 하지 않겠다는 의미입니다. 고객 최우선이라는 슬로건을 이런 식으로 표현한 것이지요. 구글의 또 다른 슬로건은 "구글의 제품들을 칫솔처럼 만들자."입니다. 매일 하루 두 번씩은 구글을 방문해 구글 서비스를 이용하게 만든다는 비전을 세운 것입니다. "모든 온라인 서비스가 구글에!"라는 구글의 비전은 세계 최고의 직원들을 모으고 세상에서 가장 큰 온라인 서비스인 구글을 만들게 된 동력이 되었지요.

최근에는 병원, 학교, 지방자치단체 등 많은 조직체가 비전의 중요성을 인지하고 비전을 선포하여 공개적으로 널리 알립니다. 이렇게 비전을 공개하는 것은 조직에 속한 구성원뿐만 아니라 주변에서 함께 협력하는 사람들도 자연스럽게 비전에 집중할 수 있게 만들어 줍니다. 비전을 선포하고 알려 나갈수록 힘이 결집되고 효율이 올라갑니다.

개인에게도 비전은 대단히 중요합니다. 성공이란 어떤 목표를 달성하는 것을 말합니다. 성공하려 하는 개인에게 비전이 없다면 구체적인 목표를 세우는 자체가 불가능하겠지요.

성공을 위해서는 스스로 최선의 능력을 발휘해야 합니다. 하지만 아무리 동기가 강하고 의욕이 충만하다 하더라도 시간이 지날수록 그 동기가 점점 흐려지는 것은 어쩔 수 없을 것입니다. 가끔은 스스로에게 관대해지면서 조금씩 게을러지는데, 이런 상황이 오래 지속되면 성공을 위한 습관보다는 자신에게 당장 편한 습관이 몸에 배고 맙니다.

이때 자신의 비전을 다른 사람들에게 이야기하고 공유해야 합니다. 스스로를 강제할 수 있는 고리가 되기 때문입니다. 여러 사람들에게 자신의 비전을 이야기하다 보면 미처 알지 못했던 부분을 더 고민할 수 있고, 확대된 비전을 세울 수도 있습니다. 그러니 비전을 세우고 난 후에는 많은 사람들에게 공표하고, 열린 마음으로 사람들의 이야기를 들어 보세요. 줏대 없이 흔들리라는 것이 아닙니다. 자신의 기준을 갖고 여러 사람의 좋은 의견을 취합하고 발전시킬 때 그 비전은 비로소 성공을 이끌 수 있는 비전이 될 것입니다.

성공 비전 3단계
목표 달성을 위한 계획 수립

목표 달성을 위해서는 장기, 중기, 단기 계획을 잘 짜야 한다

계획의 수립은 중요하고 어려운 일입니다. 계획 속에 모든 아이디어와 생각이 들어 있기 때문이지요. 목표와 계획은 일심동체입니다. 목표가 없는 계획은 소용이 없고, 계획이 없는 목표도 쓸모가 없기 때문이지요.

　계획은 목표 달성 전략의 설계도입니다. 목표 달성 여부는 전략을 어떻게 짜느냐에 달려 있습니다. 목표가 어렵다는 것은 계획을 세우기 어렵다는 의미입니다. 그렇다고 해서 어려운 목표를 피해야 할까요? 만약 그런 사람이라면 평생 도전을 회피하며 살아야 할 것입니다. 오히려 계획을 세우기가 쉬운 목표라면 우리가 몇 십 년 동안의 인생 목표로 삼기엔 가치가 떨어지기 쉽지요. 인생 목표의 달성 여부는 먼 훗날 평가를 받기 때문에 처음 계획을 세울 때부터 그 달성이 쉬워 보일 수가 없지요. 오히려 겁이 나고 불가능해 보일 수도 있습니다. 하지만 두려움을 떨치고 목표 달성 계획을 세워 보세요. "천 리 길도 한 걸음부터"라는 말이 있듯이 차근차근 계획을 세우고 실천하다 보면 자신의 목표상 예정했던 시점에 이르렀을 때 계획했던 일들을 성취했음을 발견하게 될 것입니다.

인생 목표 달성 기간은 몇 십 년으로 길기 때문에 계획은 장기, 중기, 단기로 나누어 짜게 됩니다. 장기 계획은 현재에서 시작해 목표 달성 시기까지 이루어야 할 계획으로, 큰 틀이기 때문에 추상적인 경우가 많습니다. 현재는 확실하지만 목표 달성 시기인 몇 십 년 후의 상황까지 구체적으로 알기는 힘듭니다. 따라서 계획도 구체적이기는 힘든 것이지요.

목표 달성 계획을 세울 때는 지금부터 시작해 달성 시기까지 순차적으로 계획을 짜 나가야 합니다. 즉, 현재의 자신이 갈 수 있는 곳은 어디쯤인가 생각하고, 다음은 그곳에 도착한 자신이 갈 수 있는 곳은 어디인가를 찾는 식입니다.

그런데 이런 식으로 계획을 짜다 보면 어느 시기에 가서는 더 이상 다음 단계를 구체적으로 생각해 볼 수 없게 될 수 있습니다. 자신이 예상할 수 없는, 상상 밖의 미래이기 때문입니다. 이때는 과감하게 목표 달성 시점에서부터 시작해 거꾸로 현재의 시점으로 거슬러 오면서 목표를 잡는 것이 좋습니다.

 대한민국 최초로 노벨 물리학상을 타는 것이 목표라면 노벨 물리학상을 타기 위해 유명한 과학 논문지에 논문을 투고하는 계획을 세워 보세요. 그러려면 과학 논문지에 논문을 투고할 만한 연구를 해야 하지요. 그러기 위해 물리학 분야에서 가장 유명한 연구소에서 연구를 하는 목표를 세우는 식이지요. 이렇게 거슬러 오다 보면 두 계획이 서로 만나 이어지면서 인생의 구체적인 계획이 완성됩니다.

 목표 달성 시기부터 현재까지 거꾸로 거슬러 오며 계획을 세워 나갈 경우, 마음속에서 성공한 모습을 그려볼 수 있기 때문에 좀 더 긍정적이고 적극적으로 계획을 실천해 나갈 수 있습니다. 따라서 보다 과감한 계획도 세우게 되지요.

 그렇다면 구체적인 계획 수립 방법을 살펴볼까요? 우선 장기 계획을 세우는 방법부터 알아봅시다.

 장기 계획을 간단히 표현하는 방법 중 하나가 '미래 이력서'입니다. 이력서는 태어나서부터 현재까지의 과정에서 자기가 내세울 만한 것, 상대방이 알고 싶어 하는 것을 기술하는 문서입니다. 미래 이력서는 자신이 인생 목표를 달성했다고 상상하면서 쓰는 것입니다. 이때 삶을 살면서 중요한 업적 또는 성과를 날짜까지 포함해 최대한 구체적이고 정확하게 써 내려가는 것이 중요합니다.

"생각하는 대로 이루어진다."는 격언처럼 자신의 미래를 그림 그리듯, 손에 잡힐 듯 구체적으로 써 내려가는 과정이야말로 성공을 그려 나가는 가장 좋은 방법입니다. 게다가 직접 쓰면서 마인드 컨트롤까지 되니 저절로 비전을 갖고 행동할 수밖에 없습니다.

미래 이력서는 남에게 보여 주기 위해서 만드는 것이 아닙니다. 자기 목표 달성 계획을 만들기 위한 것이며, 그 계획의 타당성을 검토하기 위한 것입니다. 그러므로 남들이 보기에 어떨까 생각하기보다는 자신의 꿈의 크기만큼 세워 나가는 것이 중요합니다. 아무런 과학적 근거가 없다 하더라도 원하는 대로 이력서를 써 내려가 보세요. 꿈은 꾸는 크기만큼 이루어질 것입니다.

더 구체적으로 자기의 일생을 그려 보기 위해서는 '가상 자서전'을 쓰는 방법이 있습니다. 자서전 쓰기는 자기의 인생 전체에 대한 비전, 윤곽을 만드는 데도 큰 효과가 있습니다. 가상 자서전은 상당한 상상력과 분석, 조사가 필요합니다. 자서전을 구체적으로 쓴다는 의미는 자신이 미래에 할 일들만을 적는 것이 아니라 그 시대가 어떻게 변화할지 예상해야 하기 때문입니다. 20~30년 전만 해도 사람들이 핸드폰을 쓰고, 아이패드 같은 태블릿 PC를 사용한다는 것은 상상하기 힘들었습니다. 그때 이런 흐름을 감지한 사람들은 현재 자신의 분야를 개척하고 성공한 사람이라는 이야기를 듣지만, 그렇지 못한 많은 사람들은 변화하는 시대의 흐름에 당황해하거나 그저 뒤따라갈 뿐이지요. 이렇듯 자서전을 자세히 쓰기 위해서는 50년 후의 세상이 어떻게 변할 것인지 예측해야 합니다. 예측을 위해서는 기술의 흐름이 어떻게 변화하는지, 사회는 어떻게 변화할 것인지를 진단한 책들을 살펴보거나 현재 사회적으로 저명한 각 분야 리더들의 강연을 들어보는 것도 도움이 됩니다.

매일매일 달성해야 할 계획을 세운다

앞에서 장기 계획을 살펴보았습니다. 장기 계획이 몇 십 년 동안의 기간을 두고 세워 나가는 것이라면, 중기 계획은 10년 정도를 기준으로 잡는 계획이라고 생각하면 됩니다. 큰 틀은 장기 계획과 비슷하되 기간이 장기 계획에 비해 짧기 때문에 좀 더 쉽게 계획을 세울 수 있습니다.

마지막으로 세워야 할 것이 단기 계획입니다. 단기 계획은 현재로부터 보통 2, 3년, 길어야 5년 정도의 기간을 대상으로 합니다. 단기 계획은 보통 구체적인 목표를 향해 세워집니다. 즉, 중학생 경우에는 원하는 고등학교에 들어가기 위한 계획을 잡는 것이며, 고등학생 경우에는 원하는 대학이나 직장에 들어가기 위한 계획이며, 대학생 경우에는 원하는 직장에 들어가거나 대학원 진학을 위한 계획이 되는 것입니다.

단기 계획은 확실한 단기 목표를 위해 세웁니다. 그때 일반적으로 여러 개의 세부 목표가 나타납니다. 그래서 각 세부 목표별 단기 계획서를 작성하는 것이 좋습니다. 단기 계획서에는 언제까지 무엇을 해야 한다는 행동 지침이 나옵니다. 그에 따라 우리는 비로소 날마다, 주마다, 달마다 목표가 생기고 행동하게 됩니다.

자, 이제 비전을 실천하기 위해 뛰어갑시다.

성공 비전 4단계
효과적인 실천 방법 11

 **긍정적인 확신**
100만 분의 1이라도 성공 확률에 집착하라

적극성은 모든 성공의 기초이며 시작입니다. 우리가 비전에 따라 치밀한 계획을 세웠다 하더라도 행동이 없으면 아무 소용이 없습니다. 행동을 한다 해도 열정이 없다면 또한 큰 기대를 할 수 없습니다. 열정이 없는 행동은 실패하기 마련입니다. 반면에 '할 수 있다', '해내고야 말겠다'는 적극적인 사고방식은 성공의 원동력입니다.

'적극적'이란 영어의 'active'를 의미합니다. 즉, 마음만이 아니라 실제로 움직이고 행동한다는 의미입니다. 앉아서 기다리는 것이 아니라 먼저 나서는 것이 적극적인 사고방식이지요.

한 아주머니는 물건을 살 때면 항상 값을 깎습니다. 백 원이든 천 원이든 만 원이든 값을 흥정하지요. 깎아 주면 이득이고 안 깎아 줘도 그만입니다. 살 물건은 결정되어 있으니 깎았다고 해서 질이 나빠지거나 양이 줄어들지는 않습니다. 남들이 매긴 가격이 아닌, 자신이 직접 흥정해 물건을 구입하는 아주머니는 아마도 적극적인 사고를 가졌을 것입니다. 그리고 하나를 보면 열을 안다고 아마 다른 일에도 적극적으로 행동할 것입니다.

적극적인 사고는 긍정적인 사고와 통합니다. 일반적으로 우리가 적극적이라고 말할 때는 긍정적인 적극성을 뜻합니다. 쉽게 말하면 불가능에서도 가능성을 찾을 수 있는 것이 긍정적인 적극성이라고 할 수 있을 것입니다.

여기에 두 세일즈맨의 이야기를 해 보겠습니다.

한 구두 제조회사에서 세일즈맨 두 사람을 시장조사를 위해 아프리카로 파견했습니다. 그리고 시장 상황을 보고하라고 했습니다. 두 사람은 각자 열심히 조사를 한 후 시장 개척 여부를 판단해 본사에 보고했습니다.

한 사람의 보고는 이러하였습니다.

"아프리카에 와 보니 구두 신은 사람을 전혀 볼 수 없다. 그들은 구두가 무엇인지조차 모른다. 따라서 시장 개척 여지가 전혀 없다."

반면에 다른 세일즈맨의 보고는 이러했습니다.

"아프리카에 와 보니 구두를 신은 사람은 아직 한 사람도 없다. 그러므로 구두를 팔 수 있는 가능성이 무궁무진하다."

여러분은 자신이 어느 세일즈맨과 같다고 생각합니까? 한 사람은 부정적인 사고를 가졌고, 또 다른 한 사람은 긍정적인 사고를 가졌습니다. 에스키모에게 냉장고를, 신혼부부에게 관을 팔아야 일류 세일즈맨이라는 역설도 있지만, 이것은 모두 긍정적인 사고의 중요성을 말하는 것입니다.

긍정적인 사고는 불가능을 가능하게 하고 결단력을 키워 줍니다. 우리가 성공이라고 말하는 모든 영광은 바로 불가능을 극복하고 도전에서 이긴 결과임을 잊어서는 안 됩니다.

적극적이고 긍정적인 사고는 인생에 대한 기본적인 태도입니다. 목표를 세우고 '할 수 있다', '해내고야 만다'는 태도로 시작하면 이미 반은 이루어진 것입니다. 그리고 안 되는 백 가지 이유보다 되는 한 가지 이유에 집중할 때 남들은 이루지 못한 성공을 얻을 수 있다는 것을 잊지 마세요.

 **현명한 노력**
포기하지 않는 근성이 성공한다

수학에는 노벨상이 없습니다. 대신 수학자들에게는 4년에 한 번씩 국제수학자연맹에서 주는 필즈상이 있습니다. 매년 열리는 세계선수권대회보다 올림픽에서 메달을 따는 것이 더 어려운 것처럼 수학자들에게는 노벨상보다 더 가치 있는 상이지요. 안타깝게도 아직까지 한국인으로서 필즈상을 탄 사람은 없습니다.

일본에서는 1990년 이전에 두 명의 학자가 필즈상을 탔지요. 첫 번째 받은 사람은 코히라 교수이고, 두 번째로 히로나카 교수가 받았습니다.

히로나카 교수는 교토대학 수학과를 졸업하고 미국 하버드 대학으로 유학을 떠났습니다. 그곳에서 박사학위를 받은 히로나카 교수는 자신의 연구 과제를 찾았습니다. 그는 대학 3학년 때 수학을 전공으로 삼을 때부터 머릿속에서 떠나지 않았던 '특이점(特異點) 해소'에 관한 문제를 풀기 위해 노력했습니다.

특이점 해소란 본질을 반영하는 현상에서 나타나는 특이점을 해소함으로써 본질과 현상 사이의 인과관계를 밝히려는 수학적 난제입니다. 그는 10년간의 연구 끝에 드디어 특이점 해소에 대한 문제를 풀어냈습니다. 논문의 두께가 사전만큼 두꺼웠지요.

수학의 필즈상은 수학 천재들에게만 주는 상이라고 알고 있지만, 히로나카 교수는 자신을 평범한 사람이라고 밝히며 이 상을 받을 수 있었던 이유는 포기하지 않는 노력 때문이었다고 말했습니다.

필즈상을 수상한 후 히로나카 교수는 고향으로 가서 초등학교 후배들에게 강연을 하게 되었습니다. 눈을 반짝이며 자신의 이야기에 귀를 기울이는 후배들에게 그는 꿈을 갖게 하는 이야기를 해 주고 싶었습니다. 15분이라는 짧은 강연에서 과연 아이들에게 꿈을 줄 수 있는 말은 무엇일지 생각하니 머릿속이 복잡해졌지요. 하지만 연단에 서자 복잡한 생각은 안개 걷히듯 사라졌습니다.

"사람들은 저를 가리켜 재능이 뛰어나다든가 두뇌가 명석하다든가 하는 말들을 합니다. 하지만 그것은 사실이 아닙니다. 저는 그저 뛰어난 노력가일 뿐입니다. 솔직히 제 자신을 돌아보면 스스로도 부족한 점이 많이 보입니다. 하지만 저는 제가 어느 부분에 장점이 있는지도 알고 있었습니다. 저는 노력 하나만큼은 다른 사람에게 뒤지지 않는다는 자신이 있었지요."

시골에서 태어난 히로나카 교수는 어렸을 때부터 느긋하게 주변을 살펴보는 습관을 키워 나갔습니다. 특히 그는 어머니에게서 긍정적인 생각과 생각하는 과정의 기쁨을 배울 수 있었습니다.

자신을 태평스러우며 둔하기까지 하다고 말했던 히로나카 교수는 연구를 할 때에도 처음에는 어떤 결론을 내려고 조바심을 내기보다는 일단 막연하게나마 문제 자체를 바라본다고 합니다. 그런데 이렇게 문제를 조금 떨어져서 바라보면 오히려 문제의 본질이 보이고, 문제의 어떤 부분에 집중하는 것이 좋을지 알 수 있었습니다.

문제의 윤곽을 파악하기까지 시간이 많이 걸리지만 히로나카 교수는 포기하지 않고 생각을 게을리하지 않았기에 본질을 파악한 후 비약적인 사고와 상상력으로 남들과는 다른 뛰어난 발견을 하거나 수학적 업적을 이끌어 낼 수 있었습니다.

수학자에게 가장 중요한 것은 발상이며 아이디어입니다. 수학자 중에는 고리타분한 사람이 많다고 생각하는데, 사실 수학만큼 아이디어를 필요로 하는 학문도 없습니다. 새로운 이론들을 증명하기 위해서는 기존의 이론과는 다른 아이디어가 필요하기 때문이지요. 아이디어가 나오기 위해서는 문제의 입장에 서서 자신과 문제가 하나가 될 때까지 사색해야 합니다. 이 단계까지 가기 위해서는 끝없는 자기 한계에 부딪힐 수밖에 없습니다. 필즈상까지 받은 위대한 수학자인 그도 늘 자신의 한계에 부딪히곤 했지요. 히로나카 교수가 힘들 때마다 되새겼던 말은 '소심심고(素心深考)'였습니다. 소박한 마음으로 돌아가서 다시 깊이 생각하라는 뜻이지요.

그는 공부를 하면서 주변에 머리가 똑똑한 천재들을 많이 보아 왔습니다. 그들과 비교하면서 자신은 천재가 아니라는 생각이 들었다고 합니다. 하지만 이와 더불어 아무리 머리가 좋은 천재 수학자라 하더라도 노력이 없다면 그저 순발력만 뛰어난 사람일 뿐이라는 것을 깨달았습니다. 과정이 아무리 우수하다 해도 결과를 내지 못하면 아무것도 아닌 것과 마찬가지였지요. 성공의 길은 시작보다도 끝이 중요해야 합니다. "시작은 미약했으나 끝은 창대하리라."는 성경 구절처럼요. 히로나카 교수는 이 진리를 알고 있었기에 실망하거나 지치지 않고 자신만의 길을 갈 수 있었습니다.

히로나카 교수는 《학문의 즐거움》이라는 책을 썼습니다. 수학이라는 학문은 많은 학생들에게 어렵고 지겨우며, 실제 생활에는 별로 도움이 되지 않는 학문으로 여겨집니다. 하지만 수학자인 히로나카 교수는 세상의 진리를 탐구하듯 수학이라는 학문을 탐구해 가면서 삶의 지혜도 더불어 얻을 수 있었다고 말합니다. 그것이 가능했던 이유는 지혜를 탐구하는 열정으로 지치지 않고 나아갔기 때문이지요.

지혜는 한번 얻으면 그것으로 끝나는 것이 아니라 계속 탐구해 나가면서 넓이와 깊이가 확장되어 갑니다. 이 단계까지 포기하지 않는다면 분명히 학문의 즐거움을 알 수 있을 것이라고 히로나카 교수는 말합니다. 그리고 그것이 바로 성공의 길이겠지요.

성공하기를 원하나요? 그렇다면 우선 끈기를 가져야 합니다. 결국 사람의 능력은 누구나 비슷합니다. 더 좋은 성과를 만들어 낸 사람은 당신보다 두세 배 더 많은 시간을 투자하고 노력한 사람이라는 것을 잊지 마세요.

자성 예언
성공 잠재의식을 부추겨라

우리 마음속에는 성공에 대한 열망과 더불어 누구나 성공할 수 있는 잠재 능력이 있습니다. 이 잠재 능력을 잘 불러일으키는 사람이어야 성공의 길을 찾을 수 있습니다. 자신의 잠재 능력을 가장 잘 북돋을 수 있는 방법이 '자성 예언(自成 豫言)'을 하는 것입니다. 자성 예언은 '피그말리온 효과'라고도 합니다.

그리스의 조각가 피그말리온은 세상에서 가장 아름다운 여인 조각상을 만든 후 그만 그 조각상 여인과 사랑에 빠지고 말았습니다. 하루 종일 조각상만을 바라보는 피그말리온을 불쌍하게 여긴 여신 아프로디테는 결국 조각상의 여인을 사람으로 만들어 아내로 삼게 해 주었다는 이야기에서 유래된 피그말리온 효과는 불가능해 보이는 것도 가능하다고 믿으면 실제로 이루어지는 현상을 말하지요.

자성 예언은 2002년 한일 월드컵에서도 나타났습니다. 한국 월드컵 대표팀을 응원하던 붉은 악마들은 마치 예언처럼 선수들에게 힘을 주는 글들을 적어 플래카드로 보여 주었습니다.

"꿈은 이루어진다."

월드컵 4강이라는 전무후무한 기록이 처음에는 불가능한 것처럼 보였지만 온 국민이 믿음으로써 달성할 수 있었습니다.

애국가를 작곡한 안익태 선생 또한 자성 예언을 통해 최고의 지휘자가 되었습니다. 그는 어렸을 때부터 "나는 세계 최고의 오케스트라를 지휘하겠다."는 말을 하곤 했습니다. 서양음악이 제대로 우리나라에 보급되지 않은 1900년대 초에 일본으로 건너가 첼로를 전공한 그는 다시 꿈을 위해 단돈 100달러만을 들고 미국행 배를 탔습니다.

신시내티음악대학, 필라델피아음악대학을 거쳐 커티스음악원을 졸업한 후 클래식 음악의 본고장인 독일로 다시 유학을 떠났습니다.

그는 베를린 올림픽에서 손기정 선수가 금메달을 따자 미국 유학 시절에 적어 놓은 애국가 가사를 공식 석상에서 부르기도 했습니다. 안익태의 꿈은 결국 이루어졌습니다. 오스트리아 빈 등지에서 계속 공부를 한 후 세계적인 오케스트라를 230여 회나 지휘하게 되었지요.

사람은 자신이 이루고자 하는 일을 마음속 깊이 새기고 바라면 그것이 잠재의식이 되어 알게 모르게 그 방향으로 행동한다고 합니다. 우리가 목표를 세우고, 매일같이 목표를 되새기는 것도 이런 이유 때문입니다.

자성 예언의 놀라운 효과는 심리학이나 교육학에서 이미 알려져 있습니다. 최근에는 자성 예언이 본인뿐 아니라 다른 사람에게도 영향을 미친다는 사실도 밝혀졌습니다. 사람은 스스로 마음을 먹은 것뿐만 아니라 다른 사람이 믿어 주는 만큼의 능력을 발휘한다는 것이지요. 예를 들어 "너는 그림을 정말 잘 그리는구나."라고 계속 칭찬을 해 주면 아이는 다른 과목보다 미술을 더 좋아하고 흥미를 가지며 잘하는 식입니다.

반대로 "너는 하는 것마다 왜 그렇게 못하니?", "너는 왜 꿈도 없고 늘 얼굴이 어둡니? 그러니 학교 공부도 당연히 못하지." 하는 부정적인 말만 듣다 보면 자신의 가능성보다는 안 된다는 절망감에 사로잡혀 세상을 부정적으로 바라보고 살아가게 됩니다.

그러므로 우리는 기회 있을 때마다 주변 사람을 칭찬해야 합니다. 친구나 동료들을 칭찬하는 사람은 자신도 칭찬 들을 기회가 많아지며, 긍정적인 사고를 전염시키고 자신의 성공 잠재 능력도 키울 수 있지요.

자성 예언에는 또 다른 특성이 있습니다. 자신의 비전을 주변 사람들에게 알리고 노력하며 "내 꿈과 목표는 이것이다."라고 선언하는 것도 예언을 이룰 수 있는 잠재 능력을 키우는 효과가 있습니다. 이와 더불어 부수적인 효과도 있지요.

첫째는 주변 사람들에게 꿈을 선언하고 알렸으니 물러설 수가 없습니다. 내 꿈은 나만의 비밀이 아니라 모두가 다 아는 사실이 되었습니다. 바꿀 수도 없고 없던 것으로 할 수도 없지요. 이렇게 공개하면서 자기 자신을 구속하는 것입니다. 만약 의지가 약한 사람이라면 확실히 효과가 있는 방법입니다. 의지가 강한 사람이라 하더라도 증인이 생기면 결심이 더 굳어질 것입니다.

둘째로 자기의 꿈에 대한 평가를 받을 수 있습니다. 만일 자신의 꿈 이야기를 들은 모든 사람이 수긍하면 그 꿈은 별로 가치가 없는 것입니다. 반 정도가 수긍하고 반 정도가 불가능하다고 말하면 그 꿈은 도전해 볼 만합니다. 만약 듣는 사람마다 모두 불가능하다고 말하면 그 꿈은 정말 도전적이고 시도할 만한 것입니다. 결심을 단단히 하고 분발하면 됩니다.

셋째는 꿈의 응원군을 얻을 수 있습니다. 꿈을 마음속 깊이 간직하고만 있다면 아무도 당신의 꿈을 알 수 없어 도움을 주지 못합니다. 기회가 있을 때마다 주변 사람들, 특히 나에게 호의를 보이고 도움을 줄 만한 사람에게 자신의 꿈을 설명하세요.

꿈 이야기를 들은 사람은 당장은 아니더라도 기회가 있을 때마다, 가령 당신의 꿈과 관련된 일 또는 정보가 있으면 그에 관해서 알려 주는 등 도움을 줄 것입니다. 더구나 그 꿈이 우리 사회에 도움이 되는 것이라면 모든 사람이 도움을 주기 위해 나설 것입니다. 사람들은 누구나 좋은 일을 하고 싶어 하기 때문입니다.

그러므로 꿈이 멋있으면 멋있을수록, 힘들면 힘들수록 될 수 있는 대로 많은 사람들에게 알리면서 적극적으로 도움을 청합시다. 지지자를 얻으면 훨씬 쉽게, 빨리 꿈을 이룰 수 있습니다. 눈에 보이는, 그리고 눈에 안 보이는 힘까지 합쳐지면 달성하기 어렵게 보이던 꿈도 의외로 쉽게 이루어지게 될 것입니다. 이것이 바로 자성 예언의 효과입니다.

대인 관계
인간관계에서 윈윈(Win-Win) 전략을 적용하라

꿈을 이루기 위해서는 주변에 지지자를 만드는 것이 중요합니다. 그런데 인간관계는 누가 일방적으로 이득을 보고, 손해를 봐서는 지속되기 힘듭니다. 영어에 'give and take'라는 말이 있는데, 이는 공평한 거래를 말합니다.

그런데 give와 take라는 뜻을 가지고 세상의 인간관계를 관찰해 보니 재미있는 사실을 발견했습니다. 우리가 어렸을 때는 'take and take'를 합니다. 즉, 우리는 부모나 주변 사람들한테서 받기만 하면서 자랍니다. 이렇게 많은 은혜를 받고 자라 어른이 되어 자신의 아이를 갖게 되면 이번에는 'give and give' 관계가 됩니다. 부모에게 받은 은혜를 아이에게 베풀게 되는 것이지요. 이렇게 사람의 일생에서는 'take and give' 관계가 이루어지고 있다는 것을 알 수 있습니다.

그러나 일반적인 사회관계에서는 위와 같은 'take and give'보다는 'give and take'가 좀 더 좋은 관계를 만들어 나가는 데 유리합니다. 그런데 대부분의 사람들은 take and give를 더 선호합니다. 먼저 주려고 하지는 않고 받았으니 준다는 개념이지요. 하지만 성공하는 사람은 먼저 베푸는 것이 인간관계를 매끄럽고 풍요롭게 만든다는 것을 압니다.

인간관계에서 가장 좋은 것은 서로가 이득을 보는 윈윈 관계입니다. 대부분의 사람들은 다른 사람과의 관계에서 이득을 얻지 못하면 손해를 본다는 이분법적인 사고를 합니다. 내가 이기지 않으면 지는 것이라는 생각을 하지요. 이런 종류의 사고방식은 권력이나 지위에 기초한 것입니다. 권력은 얻거나 잃는 이분법으로만 설명되기 때문입니다. 특히 권력을 갖고 있는 사람들은 자신의 권력을 잃지 않기 위해서 전전긍긍합니다. 그러다 보니 주변 사람들을 포용하고 그들의 도움을 받으려 하기보다는 자신의 힘만을 키우려 합니다.

하지만 윈윈 사고방식은 다릅니다. 한 사람의 성공이 다른 사람의 실패를 초래하는 것이 아니라 그 성공으로 인해 함께 한 사람도 성공을 이룰 수 있다고 봅니다.

원원 사고는 제3의 대안이 있다고 믿는 데서 나옵니다. 내가 하는 방식이나 상대방이 하는 방식이 아닌 더 나은 다른 방식이 반드시 있고, 만들어 낼 수 있다고 믿는 데서 출발하지요. 원원 사고는 자신만의 우물에서 벗어나 넓은 세상을 보게 해 줍니다. 내 친구는 모두 '경쟁자'가 아니라 인생의 꿈을 함께 꾸는 '동료'라고 생각할 때 좀 더 큰 꿈과 비전을 세울 수 있다는 것을 명심하세요.

방법 05 적극성
성공하는 성격으로 자신을 개조하라

우리는 모두 성격이 다릅니다. 많은 사람들 앞에 나서서 자신의 끼를 마음껏 펼치고 싶어 하는 사람이 있는가 하면, 조용히 자신의 자리에서 가까운 사람들과 어울리는 것을 좋아하는 경우도 있지요.

같은 부모, 같은 환경에서 자란 형제자매도 성격이 다 다릅니다. 아니, 한 날 한 시에 태어난 쌍둥이도 성격이 다릅니다. 각자 고유한 유전자를 타고났고, 자신의 위치에서 요구되는 것이 다르기에 성격도 달라지는 것이지요. 예를 들어 쌍둥이라 하더라도 주변에서는 먼저 태어난 형이 동생을 잘 챙길 것이라는 기대를 갖고 있을 것입니다. 그만큼 어릴 때부터 책임감이 강한 성격으로 자랄 확률이 높겠지요. 둘째는 형에게 부모의 관심과 사랑을 빼앗기지 않으려고 야무지고 잘 챙기는 성격이 될 것입니다.

성공을 하려면 자신의 성격을 정확하게 파악해야 합니다. 자신의 성격을 파악하면 자신의 장단점을 객관적으로 바라볼 수 있는 시각을 갖게 됩니다. 그런데 우리 한번 생각해 볼까요? 바라는 직업이나 꿈이 자신의 성격과 어울리지 않으면 어떻게 해야 할까요? 그냥 포기하는 것이 맞는 걸까요? 별로 흥미는 없지만 자신의 성격에 맞는 직업을 찾아가는 것이 옳은 걸까요?

천만의 말씀! 성격 때문에 꿈을 포기할 필요는 없습니다. 오히려 꿈을 위해서는 성격을 바꿀 정도로 노력해야 합니다. 물론 성격이 하루아침에 바뀔 수는 없을 것입니다. 하지만 불가능이란 없지요. 성격을 바꾸기 힘들다면 처음에는 자신이 원하는 성격의 사람처럼 생각을 바꾸는 노력을 해 보세요.

"생각을 바꾸면 행동이 바뀌고,
행동이 바뀌면 습관이 바뀌고,
습관이 바뀌면 성격이 바뀌고,
성격이 바뀌면 인생이 바뀐다."

라는 말이 있습니다. 생각을 통해 자연스럽게 행동이 바뀌고,

이것이 습관이 되면 성격도 바꿀 수가 있다는 말입니다.

저명한 심리학자 조지 크레인 박사는 《응용심리학》이라는 저서에서 "행동이 감정을 일으킨다는 점을 기억하세요. 감정은 직접 다스리지 못하지만 적절한 행동을 취한다면 가능합니다."라고 말하고 있습니다.

우리는 슬프면 눈물이 나오지만, 눈물을 흘리면 슬퍼지기도 합니다. 반대로 기분이 좋으면 웃음이 나오지만, 웃으면 자연스럽게 기분도 좋아지지요. 울적할 때 흥겨운 노래를 부르면서 마음을 달래는 것은 누구나 흔히 쓰는 감정 조절 방법입니다.

이런 식으로 실제 행동을 통해 우리의 성격도 바뀔 수 있습니다. 성격 진단을 하면서 알아낸 바람직하지 않은, 그리고 바꾸고 싶은 행동 패턴이나 성격 요소가 있다면 그에 반대되는 행동을 나열하고 그것을 습관으로 만드세요.

여기에 자신 있는 사람으로 보이는 행동 지침을 소개합니다. 이 지침을 쓴 데이비드 슈워츠 박사는 자신 있게 생각하기 위해서는 자신 있게 행동하는 것이 중요하다고 말합니다. 자신감이 넘치는 사람들처럼 행동하다 보면 어느새 실제 자신감이 충만해집니다. 지금까지와는 다른 에너지가 넘치고 적극적이며 자신감 넘치는 사람이 되고 싶다면 이 지침들을 꼭 참고하세요.

1. 어디서든지 맨 앞에 앉아라.

(물론 특별히 어떤 사람에게 미리 정해진 자리를 빼고)

2. 상대방의 눈을 보면서 말하라.

3. 다른 사람보다 25퍼센트 빨리 걸어라.

4. 어떤 모임에서든지 자기 생각을 발표하라.

5. 크게 웃음 지어라.

매일, 기회가 있을 때마다 이 지침들을 실천하여 습관처럼 몸에 배는 바로 그때 자신감이 가득 차올라 있다는 것을 느낄 수 있을 것입니다.

화술
온몸으로 대화하라

말이란 어떻게 하느냐에 따라 효과가 크게 달라집니다. 미국의 시인이자 사상가인 에머슨은 말의 중요성을 이렇게 표현했습니다.

"사람은 자신이 하는 말로 자신의 초상을 내보인다."

이처럼 말은 또 다른 자신의 얼굴이자 성격입니다. 어떤 상황인지 살피고 각각의 자리에 맞는 말을 사용하는 것은 그 사람의 인격인 동시에 능력으로 여겨집니다.

"화술은 인생을 바꾼다."라는 말도 있습니다. 세련된 화술을 익힌 사람은 인기가 많고, 주변에 사람도 많습니다. 말은 그 사람의 인품을 나타내는 척도이며, 화술이야말로 인간관계를 좌우하는 능력입니다. 성공을 하려면 좋은 인간관계를 맺고 싶을 것이고, 그러기 위해서는 기본이 되는 대화 능력을 키우는 것이 중요합니다. 그런데 대화 능력은 단순히 말을 잘하는 능력만을 의미하는 것은 아닙니다.

우리의 의사소통에서 말의 내용이 차지하는 역할은 7퍼센트밖에 안 됩니다. 말의 어조나 억양 등 음성의 역할이 38퍼센트를 차지하고, 나머지 55퍼센트는 비언어적 몸짓인 바디랭귀지로 전달된다는 놀라운 실험 결과가 있습니다. 거의 모든 동물은 언어보다 중요한 자신들만의 의사소통 수단을 갖고 있는데, 실험에 따르면 인간의 경우에도 의사소통 수단의 93퍼센트가 말의 내용이 아닌 다른 요소로 이루어졌다는 것이지요. 여기서 바디랭귀지는 단순한 손짓 발짓만을 의미하지는 않습니다. 전체적인 분위기와 그 사람에게서 풍기는 감성 등도 포함됩니다.

대화 능력이 뛰어난 사람은 논리적이고 설득력 있는 내용뿐 아니라 그에 못지않게 태도, 자세, 표정, 눈빛, 목소리, 억양에서도 다른 사람에게 공감을 얻고 설득하는 능력을 갖고 있습니다. 그리고 온몸으로 말을 하고 듣습니다. 이야기를 할 때 고개를 끄덕거리고 눈을 반짝이며 듣는 사람과 무표정한 얼굴로 덤덤하게 듣는 사람을 비교해 보세요. 앞의 사람에게는 자신도 모르게 더 많은 말을 해 주고 싶은 반면, 뒤의 사람에게는 대충 이야기를 끝내고 싶은 마음이 들지 않나요?

온몸으로 대화를 하는 사람은 다른 사람의 이야기에 대한 공감력이 뛰어납니다. 공감력은 말을 이해하고 동조하게 만드는 데 무척 중요한 능력입니다.

우리가 상대방의 말을 이해하는 정도는 듣는 태도에 따라 크게 달라집니다. 듣는 사람이 말하는 상대방을 무시할 경우 상대방의 말을 이해하는 수준은 거의 0퍼센트에 가깝습니다. 그나마 듣는 척하면 10퍼센트 정도 이해하고, 선택적으로 들을 경우 30퍼센트 정도 이해한다고 합니다.

상대방의 말을 집중해서 듣는다 해도 실제로는 50~60퍼센트밖에 이해하지 못한다고 해요. 키워드는 '공감'입니다. 상대의 입장에서 그 사람의 논리, 감정을 같이 따라가면서 들어야 80~100퍼센트 이해가 가능하다고 합니다.

성공하는 대화법은 이성적일 뿐 아니라 감성적입니다. 말로 상대방을 설득한다는 것은 말의 논리성뿐 아니라 말을 하는 모습, 말을 듣는 상대방을 배려하는 모습 등이 모두 합쳐져서 상대방을 내 편으로 만드는 것을 의미합니다.

 **경청**
공감하고 경청하는 사람이 성공한다

다른 사람의 말을 공감하며 듣는 것을 '공감적 경청'이라고 합니다. 대화 능력이 뛰어난 사람은 공감적 경청 능력도 뛰어납니다. 공감적 경청은 자신의 기준으로 상대방의 말을 이해하는 것이 아니라 상대방의 기준에서 이해하는 것입니다. 이해의 패러다임을 완전히 바꾸는 것이지요. 또한 머리로 말을 듣는 것이 아니라 가슴으로 들을 수 있어야 합니다. 상대방의 말 내용에만 집중하는 것이 아니라 말이 갖고 있는 의미와 느낌, 말을 할 때의 행동도 경청하는 것입니다.

　우리는 대화를 할 때 "진심이야?", "이건 정말 진심이야." 하는 말을 많이 사용합니다. 그만큼 사람들은 이야기에서 내용보다 태도의 진심을 중요하게 여깁니다. 만약 이야기를 하는 사람의 진심이 느껴지면 상대방은 내용에 앞서 이미 신뢰를 갖게 됩니다. 당연히 그가 하는 말도 열린 마음으로 받아들이며 이해하고 공감하고 동의하는 것이지요.

　공감적 경청을 하면 상대방을 잘 이해할 수 있을 뿐만 아니라 상대방도 자기를 이해해 주는 사람을 만났기 때문에 마음을 엽니다. 여기서 우리가 하나 더 생각해야 할 것이 '상대방을 이해한다'는 의미입니다. 이것은 있는 그대로의 상대방을 인정한다는 의미입니다. 상대방의 이야기에 동의하느냐 반대하느냐, 또는 옳다고 생각하느냐 틀렸다고 생각하느냐는 나중입니다. 일단 상대방의 이야기를 있는 그대로 받아들여야 합니다.

　우리는 화가 날 때 옆에서 누군가 자신의 이야기를 묵묵히

들어주는 것만으로도 한결 화가 가라앉습니다. 오히려 일일이 대꾸하는 친구에게는 이야기를 하다가 도중에 입을 다물게 됩니다. 속이 풀릴 때까지 이야기를 하고 나면 어느새 자신의 잘잘못이 스스로도 판단되지요. 그러고 나면 묵묵히 이야기를 들어준 친구가 얼마나 고마운지 모릅니다.

대화의 기술에서 중요한 것은 말하는 능력보다는 듣는 능력입니다. 잘 들어줄 수 있는 사람이야말로 대화의 주도권을 쥐게 되며, 사람들과의 관계에서 좀 더 신뢰를 쌓을 수 있지요. 물론 이것이 성공의 길에서 멋진 사람들과 관계를 맺을 수 있는 기본이라는 것은 두말할 나위 없고요.

창의적 사고
패러다임을 바꾸는 창의적 사고의 두 가지

남들과 같은 생각을 하면 성공하기 힘듭니다. 성공한 사람과 그렇지 않은 사람의 차이는 무엇일까요? 우리는 보통 창의적인 사람이 성공한다고 합니다.

창의적인 사고는 크게 두 가지 범주로 나눌 수 있습니다. 하나는 세계적인 발명이나 발견을 할 때 필요한 사고입니다. 이전까지의 지식에서 한 단계 더 뛰어난 사고를 창의적인 사고라 하지요. 창의적인 사고는 생각의 틀을 변화시키고, 기존의 패러다임을 바꿉니다. 이를 통해 남들이 미처 생각지 못한 발견을 하고, 전혀 다른 각각의 사실에서 새로운 공통점을 추출해 내기도 하지요.

세상에서 가장 놀라운 발명품 중 찍찍이, 벨크로 테이프가 있습니다. 벨크로 테이프는 일명 매직테이프라고 불립니다. 갓난아기의 기저귀 여밈 부분부터 운동화, 허리띠, 기차 좌석 커버, 우주복 등에 편리하게 사용되는 벨크로 테이프는 스위스의 조르주 드 메스트랄이 발명하였습니다. 평소 취미로 사냥을 다녔던 그는 어느 날 토끼를 쫓아 엉겅퀴가 우거진 숲으로 들어가게 되었습니다. 토끼를 잡고 나온 그의 몸에는 엉겅퀴 가시가 잔뜩 붙어 있었습니다. 옷을 털어도 잔뜩 박힌 가시는 쉽게 떨어지지 않았어요.

보통사람이라면 그저 귀찮은 일이라고 여겼겠지만 드 메스탈은 왜 안 떨어지는지 의문을 가졌습니다. 집에 돌아와서 확대경으로 엉겅퀴 가시를 관찰하면서 그는 멋진 아이디어를 떠올렸습니다.

엉겅퀴 가시의 원리를 이용해 한쪽에는 작은 갈고리가 촘촘하게 박혀 있고 다른 쪽에는 작은 걸림 고리가 잔뜩 있는 테이프를 만든 것이지요. 이것을 옷에 붙이면 잘 떨어지지 않고 붙어 있을 것이라는 생각을 했던 것입니다. 그가 만든 매직테이프는 신기하고 편리했습니다. 살짝만 갖다 대도 쉽게 붙었고, 힘을 적당히 줘야 테이프가 떨어졌습니다. 다른 테이프처럼 한 번 사용하면 접착력이 떨어지는 것이 아니라 반복해서 사용해도 문제가 없었어요.

드 메스트랄은 이 매직테이프를 특허출원하고 '벨크로'라는 상호와 상표를 지었습니다. 사고의 틀을 바꿀 수 있었기 때문에 그는 세계 100대 기업의 바탕이 되는 발명품을 만들 수 있었던 것입니다. 바로 이런 사고가 창의적인 사고라고 할 수 있습니다.

또 하나의 창의적인 사고는 우리가 일상생활에서 살아가는 데 유용한 사고를 말합니다. 뭘 하든지 새롭고 개선된 방법을 찾아내면 그것이 바로 창의적 사고입니다.

예를 들어 늘 쪼그리고 앉아서 걸레질을 하던 주부가 좀 더 쉽게 걸레질을 하기 위해 밀대에 걸레를 붙여 보는 것도 창의적인 사고라 할 수 있습니다. 어느 가게 주인이 새로운 서비스로 고객의 수를 배로 늘렸다거나 어느 동네에서 적은 비용으로 그 동네를 주변에서 제일 아름다운 지역으로 만들었다는 것도 창의적인 사고에서 비롯된 것입니다. 이런 창의적인 사고는 한 특별한 사람의 아이디어라기보다 여러 사람의 창의적인 아이디어가 더해져야 가능합니다.

조지아 주립대학의 데이비드 슈워츠 박사는 창의적 사고를 배양하기 위한 여러 가지 방법을 제시한 학자입니다. 그는 창의적 사고를 키우기 위해 제일 중요한 것이 바로 '할 수 있다고 믿는 것'이라고 말합니다.

슈워츠 박사는 어떤 일을 가능하다고 믿으면 머릿속에서 '가능하다는 것을 알기' 때문에 그 일을 해내기 위한 방법을 자동적으로 찾게 된다고 말합니다. 가능하다는 믿음이 창의적인 생각을 만드는 것이지요. 반면에 인간의 생각은 희한해서 아무리 쉬운 일이라도 '못한다, 할 수 없다, 불가능하다'고 생각하면 자신도 모르게 안 되는 이유만을 찾아냅니다.

도전에 맞닥뜨린 사람은 두 종류가 있습니다. 무엇이든 '해 보겠다. 할 수 있다.'고 생각하는 사람과 무엇이든 '그건 할 수 없어. 불가능해.'라고 생각하는 사람입니다. '할 수 있다'고 생각했을 때는 얼굴 표정부터 달라집니다. 긍정적인 기운은 주변을 긍정적으로 만드는 힘을 갖고 있지요. 매일, 기회가 있을 때마다 "어떻게 하면 보다 잘할 수 있을까?", "어떻게 하면 보다 많이 할 수 있을까?"라고 스스로 물어보세요. 창의적인 사고 능력을 키우는 방법입니다.

 도덕성
정직한 게 이득이다

미국 내 경량 철골 분야에서 1위를 달리고 있는 패코의 백영중 회장은 진정한 성공의 길이 무엇인지를 보여 주는 사람입니다. 그는 무일푼으로 영어도 할 줄 모르는 채 단신으로 미국에 유학을 가서 꿈을 이룬 사람입니다. 북한 태생인 그는 한국전쟁 때 남쪽으로 피난을 왔습니다. 당시 대다수의 피난민들처럼 그도 삶의 터전을 처음부터 다시 세워야 했기에 모진 고생을 했습니다. 전쟁 통에 아버지가 죽고, 혼자서 피난을 내려온 그는 오직 자신의 힘으로만 삶을 개척해야 했지요. 힘든 상황에서도 그는 공부에 전념해 흥사단 장학생에 선발될 수 있었습니다.

그는 흥사단의 교훈인 '거짓말하지 말자'를 생활신조로 삼았습니다. 사업을 시작했을 때도 이 교훈은 늘 유효했습니다.

미국에 처음 건너왔을 때 백영중 회장은 흥사단 위원장이었던 한시대 선생에게서 인생에서 가장 값진 꾸중을 들었습니다. 한국에서 미국에 올 여비를 마련하느라 누구나 다 하는 편법을 쓴 것, 즉 암달러를 산 것에 대해 호된 꾸지람을 들었던 것이지요. 그는 그 일을 통해 앞으로 다시는 거짓말을 하지 않기로 마음을 먹었습니다.

사실 사업을 하면 정직하기가 쉽지 않습니다. "밑지는 장사 없다."는 말처럼 장사꾼이라면 늘 자신의 이득을 챙기면서 장사를 하지요. 하지만 백 회장은 비즈니스를 하면서 '정직'이라는 원칙을 지키기 위해 고지식할 정도로 노력을 했습니다.

"사업을 통해 한탕 벌고 그만둘 것이 아니라면 무엇보다도 신용을 얻는 것이 중요합니다. 그리고 그 신용은 정직할 때에만 비로소 얻을 수 있는 것이지요."

처음에는 손해였지만 시간이 지나면서 백 회장은 '신용'을 얻게 되었습니다. 정직한 장사가 사람들에게 신용을 얻자 사업이 커지는 것은 순식간의 일이었지요.

우리가 성공을 하려면 높은 도덕성을 지녀야 합니다. 너무 기교를 부리면 안 됩니다. 그리고 크고 높은 목표를 이룩하려는 사람일수록 바른길을 걸어야 합니다. 높은 도덕성은 비즈니스에서뿐만 아니라 공무원, 기술자의 경우에도 마찬가지로 요구됩니다. 더 나아가 학문에 있어서도 성공에는 도덕성이 필수라는 것을 잊어서는 안 됩니다.

시간 관리
같은 24시간도 얼마나 알차게 쓰느냐에 따라 달라진다

시간은 누구에게나 공평합니다. 누구나 24시간 하루, 한 달, 일 년을 살고 있지요. 그런데 어떤 사람은 같은 시간도 두 배로 꼼꼼히 활용하는 반면, 어떤 사람은 손에서 모래알 빠져나가듯이 시간을 허비하는 경우도 있습니다. 같은 시간이라 하더라도 어떻게 사용하느냐에 따라 시간은 충분할 수도, 늘 부족할 수도 있습니다.

포항공대에서 학생들을 가르치면서 가장 안타까웠던 점은

일부 학생들이 자신의 소중한 시간을 무의미하게 허비한다는 점이었습니다. 반면에 꿈이 있고 비전이 있는 사람은 시간 가는 것을 아까워합니다. 한 시간도 허비하지 않고 목표대로 움직이고 싶어 하지요. 성공하는 사람들은 대부분 부지런한데, 그 이유는 시간을 조금이라도 허비하지 않으려 하기 때문입니다. 같은 24시간 동안 어떤 사람은 한 가지 일을 하는데, 어떤 사람은 세 가지 일을 해낸다고 생각해 보세요. 그리고 어떤 사람은 늘 할 일을 미루는데, 어떤 사람은 앞으로의 일도 미리 당겨서 한다고 생각해 보세요. 누가 성공할지는 굳이 말하지 않아도 알 것입니다.

시간을 알차게 쓰기 위해서는 시간 관리를 잘해야 합니다. 그러기 위해서는 자신에게 중요한 일이 무엇인지 제대로 나누고 분류하는 것이 중요합니다. 이 책에서 처음으로 밝히는 것인데, 가족들 사이에서 제 별명은 '유 교수'입니다. 방 교수가 아닌 유 교수인 이유는 일본의 만화 〈천재 유 교수의 생활〉에 나오는 유 교수와 제가 닮았기 때문이라고 하네요. 딸아이가 지어 준 별명인데, 별명 때문에 호기심이 생겨 만화를 보니 저와 닮은 부분이 많긴 하더군요.

만화를 보면서 저는 유 교수가 멋져 보였습니다. 그는 자신만의 원칙으로 세상을 살아가지만 사람에 대한 선입견이 없습니다. 그렇기 때문에 판단을 내릴 때는 누구보다도 열린 마음을 가질 수 있었지요. 이 만화에서 유 교수는 매일 아침 5시 30분에 기상하고, 어떤 일이 있어도 밤 9시에는 잠자리에 듭니다. 웬만하면 자신의 시간을 허비하지 않고 모든 시간에 계획을 세워 둡니다. 딸아이는 아마도 이런 부분을 보면서 저를 떠올린 것 같습니다. 저 또한 작은 수첩에 제가 할 일을 촘촘하게 적어 두기 때문입니다.

시간 스케줄을 잘 짜기 위해서는 일의 중요도를 선택하는 것이 중요한데, 제 기준은 다음과 같습니다. 함께 참고해 볼까요.

계획을 세울 때 (하루, 1주일, 한 달 계획 등)

1. **미리 약속된(정해진) 모임을 계획표에 표시한다.**
   예: 몇 일 몇 시, 모임 이름

2. **모임이 겹칠 경우 중요한 것을 우선한다.**
   덜 중요한 것은 뺀다.
   그래도 아예 무시할 수 없으면 대리인을 보내는 등의 대책을 세운다.

3. **일반적으로 어느 쪽이 더 중요한지 판단이 어려울 때는**
   a. 강연 등 내가 불특정 다수의 한 사람인 경우는 덜 중요.
      (물론 꼭 듣고 싶은 강연일 때는 중요.)
   b. 회의(모임)인 경우 내가 여럿 중 한 사람의 참석자일 때는 덜 중요.
   c. 내가 주재할 경우는 중요.
   d. 내가 핵심 멤버일 경우는 중요.
   e. 미리 참석을 약속했을 경우는 중요.

경영학자이며 리더십센터를 운영하고 있는 스티븐 코비 박사는 《성공하는 사람의 7가지 습관》이라는 책으로 유명한 베스트셀러 작가입니다. 그는 《중요한 것부터 먼저(First Things First)》라는 책에서 시간 관리를 위한 스케줄을 짤 때 4가지로 활동과 일을 분류할 수 있다고 말합니다.

그는 모든 활동을 두 가지 측면 즉, '긴급성'과 '중요성'으로 나누어 매트릭스를 짰습니다. 긴급하고 중요한 일, 긴급하지 않지만 중요한 일, 긴급하지만 중요하지 않은 일, 긴급하지도 않고 중요하지도 않은 일들을 순서로 놓고 일의 경중을 따지라고 조언합니다.

긴급한 일은 즉시 행동해야 하기 때문에 '지금 당장' 해야 하는 것입니다. 예를 들어 전화벨이 계속 울린다면 급한 일이겠지요. 따라서 대부분의 사람들은 이를 내버려 두지 못합니다.

긴급한 일들은 보통 눈앞에서 일어납니다. 전화가 울리거나 사람이 찾아오는 등의 일들은 우리에게 압박감을 줍니다. 그런데 명심해야 할 것은 이런 긴급한 일은 중요하지 않은 경우가 대부분이라는 점입니다. 그리고 사람들은 긴급하기는 하지만 중요하지는 않은 일들을 처리하는 데 너무 많은 시간을 빼앗기고 있다는 점이지요.

그렇기 때문에 위의 4가지 기준에 맞춰 일을 분류하는 것은 무엇보다도 중요합니다. 저 또한 이런 원칙으로 일을 분류하고 약속을 정리하곤 합니다. 그런데 실제로 해 보니 급하지 않지만 중요한 일을 하는 것과 중요하지 않지만 급한 일을 해야 하는 것에 순서가 바뀌는 경우가 종종 생기더군요. 아무래도 빨리 처리할 수 있는 것을 미리 완결지어 놓으면 중요한 일에 더 집중할 수 있어서인 것 같습니다.

누구에게나 24시간이 주어집니다. 규칙적으로 수업을 듣는 학생이라 해서 시간 관리 스케줄이 필요 없는 것은 아닙니다. 중학교 때부터, 아니면 적어도 고등학교 때부터라도 자신만의 시간 관리 스케줄을 짜서 움직여 보세요. 방학 동안 짠 생활 계획표대로 지켜 본 적이 없다 하더라도 한두 가지씩 지켜 가다 보면 점차 조직적인 사람으로 성장해 나갈 것입니다.

조력자
나만의 팬, 내 꿈의 팬을 만들어라

현대사회에서 혼자 힘으로 할 수 있는 일은 거의 없습니다. 더구나 어렵고 큰일을 하려면 남의 도움이 절대적으로 필요합니다. 여러분의 꿈은 오랜 시간과 노력이 필요하고 그 과정에서 알게 모르게 많은 사람의 도움이 필요할 것입니다. 한자의 '사람 인(人)' 자도 서로 기대는 모양이지요. 독불장군처럼 혼자서 성공할 수 있는 사람은 없습니다.

이렇듯 자신의 뜻을 잘 펼치기 위해서는 주변에 도와주는 사람도 적극적으로 발굴하고 키워야 합니다. 더 나아가서 나의 조력자를 잘 관리해야 합니다. 내 옆의 조력자야말로 나의 소중한 재산입니다.

여기서 말하는 조력자란 어떤 문제에 부딪쳤을 때 그 문제를 해결하기 위한 한시적인 지원자를 말하는 것이 아니라 꿈을 달성하기 위해 늘 신경 써 주는, 기회가 있을 때마다 도와주는 사람을 말합니다. 다시 말해 나만의 팬, 내 꿈의 팬을 만들어야 한다는 것입니다. 나의 꿈을 이해하고, 찬성하고 격려하며 도와주겠다는 모든 사람이 바로 나의 팬입니다.

팬은 다음과 같은 사람 속에서 발견할 수 있습니다.

첫째는 가족이나 친척 중에서 찾을 수 있습니다. 특히 부모님은 가장 열렬한 지지를 보내며 변함없는 팬입니다.

두 번째는 주변에서 찾을 수 있습니다. 친구나 스승 등이지요. 살아가면서 알게 되는 사람들입니다. 주변에서 만나는 여러 사람들 중에서 자신에게 호의를 갖고 있다고 생각되는 사람에게 당신의 꿈을 이야기해 보세요. 그들은 평소에 여러분을 잘 알고 있기 때문에 쉽게 여러분의 팬이 될 것입니다.

마지막으로 현재 아는 사이는 아니지만 자신의 꿈을 이루기 위해서 장차 큰 도움을 받게 될 만한 사람들 중에서 찾을 수 있습니다. 이 경우는 처음에는 잘 모르는 사이이기 때문에 팬으로 만들기가 쉽지만은 않습니다. 소개를 받아야 할 수도 있고,

그 사람이 원하는 것 또는 관심사를 통해 다가가야 할 수도 있습니다. 이런 사람들을 팬으로 만들기 위해서는 끈기와 계기가 필요합니다. 그러나 일단 나의 팬으로 만들면 큰 힘이 되지요.

나의 조력자 수가 늘어 간다면 아래의 표와 같은 명단을 만들어 관리합니다. 물론 시간이 지나면서 명단에서 뺄 사람도 생기고, 추가되는 사람도 있을 것입니다.

명단을 관리할 때는 노하우도 필요합니다. 무조건 하나의 명단으로 관리하는 것이 아니라 3개의 그룹으로 나누어 관리하는 것이 좋습니다. 즉, 중요도에 따라 나누어서 명단을 만드는 것입니다. 진심 어린 관계를 늘리고 싶다는 마음을 먹는다면 그들이 표 안의 관리 리스트가 아니라 나와 얼굴을 마주한 관계처럼 느껴질 것입니다.

제일 중요한 그룹은 일주일에 한 번은 전화로라도 인사를

나의 조력자 명단

이름	주소	핸드폰	이메일	중요도	내가 베풀 일

하는 등 특별히 신경을 써야 하는 사람들입니다. 다음 그룹은 한 달에 한 번, 마지막 그룹은 반년에 한 번 정도 인사를 하는 식으로라도 유대 관계를 유지해 나갑니다. 이 관리 리스트는 주변의 조력자들을 잊지 말라는 의미에서 만드는 것입니다. 내게 도움을 준 사람에게 무심해서는 안 되겠지요. 그들과 꾸준한 관계를 맺기 위한 과정이라고 생각하세요.

팬을 찾아 나갈 때 "나는 인간관계가 넓지 못해서 많은 사람을 알지 못하는데 어떤 방법으로 팬을 만들어야 하지?"라고 걱정할 수도 있습니다. 사람의 수가 중요한 것이 아니라 내 꿈에 열렬히 찬성하고 도움을 줄 핵심적인 사람을 찾는 것이 중요합니다. 주변을 둘러보세요. 조력자를 발견하였나요?

보너스 페이지

비전을 위한 직업 선택

요즘은 인턴 사원을 뽑는 기업이 많습니다. 인턴제란 그 회사의 분위기와 업무를 익히면서 자신의 적성에 맞는지 알아보는 과정입니다. 사실 우리가 살아가면서 동경하는 많은 직업들은 상상한 것과 실제가 다른 경우가 많습니다. 현장에서 어떤 일이 이루어지는지, 그 안에서 자신이 좋아하고 잘 할 수 있는 일이 무엇인지를 찾는 것이 인턴을 하는 목적입니다.

대학생 중에는 방학을 이용해 기업체의 인턴 과정에 응모해 자신의 능력을 점검하는 경우가 많습니다. 대기업의 경우에는 인턴을 뽑는 데만도 수십 수백 대 일의 경쟁을 뚫어야 하지요. 인턴 경험을 통해 자신이 하는 일이 적성에 맞는다면 그 직업에 자신의 꿈을 올인할 수 있을 것이고, 그렇지 않다면 다른 경험을 통해 자신의 소질에 맞고 능력을 최대한 발휘할 수 있는 직업을 찾아야 합니다.

아무리 좋은 대학을 나오고 영어 점수가 높다 하더라도 실전에서 제대로 적응을 하지 못한다면 무슨 소용이 있을까요? 학교에서는 학교 나름대로 사회에서 능력을 십분 발휘할 수 있는 인재를 키우려고 노력하지만, 기업에서는 막상 데려다 일을 시키려면 처음부터 다시 일을 가르쳐야 한다며 불평합니다. 이중의 비용과 노력으로 인해 사회적으로 손실도 적지 않습니다.

비전을 잘 세우지 못한다면 개인적으로는 자신의 미래를 제대로 세울 수 없어 손해지만, 사회적으로는 적재적소에 최적의 비용으로 인재를 키워내지 못하기 때문에 손해입니다. 그러므로 흔들리지 않는 비전을 세우기 위해서는 사회에 진출하기 전에 자신이 하고 싶고 갖고 싶은 직업에 대해 자세히 알아보는 것이 좋습니다. 특히 그 직업의 실제 현장에 가서 직접 보고 듣고 느끼는 기회를 갖는 것이 필요합니다. 우리가 피상적으로 아는 것과 실제는 다를 수 있습니다. 또한 막상 살펴보면 자기 철학이나 적성에 안 맞을 수도 있습니다.

저는 중학교 때 의사가 되고 싶었습니다. 어느 의사의 위인전을 읽고 병든 사람을 치료해 주고 싶다고 생각했습니다. 훌륭한 의사가 되어 불치병을 고치거나 돈이 없는 환자는 무료로 진료해 주는 인술도 베풀고 싶었습니다. 그러나 결국 저는 의대가 아닌 공대에 들어가게 되었습니다. 하지만 지금은 이 선택이 잘된 것이라고 생각합니다. 나중에 알게 된 일이지만 저는 피만 보면 쓰러지는 체질이었기 때문입니다. 몇 번씩이나 저도 모르게 눈앞이 아득해지는 경험을 하고 난 후, 의대에 안 간 것이 오히려 다행이라는 생각이 들었습니다. 만약 이 사실을 모르고 의대에 갔다면 적응하느라 무척 고생했을 것이고, 결국 잘못 든 길을 바로잡기 위해 인생의 시간을 허비했을 수도 있기 때문입니다.

자신의 비전과 직업은 일치하는 것이 좋습니다. 우리는 일을 통해서 자기실현을 할 수 있고, 능력을 키우며 큰 목표를 세울 수 있습니다. 일은 자신이 가질 직업이기 때문에 직업의 실제 모습을 아는 것은 무엇보다도 중요합니다.

하고 싶은 일이 많은 청년 시절일수록 다양한 인턴 활동을 경험해 보세요. 중·고등학교 학생들도 마찬가지입니다. 궁금하고 하고 싶은 일이라면 학생 때라도 시도해 보세요. 성공에는 돈보다 더 중요한 것이 경험이라는 것을 잊지 말아야 합니다.

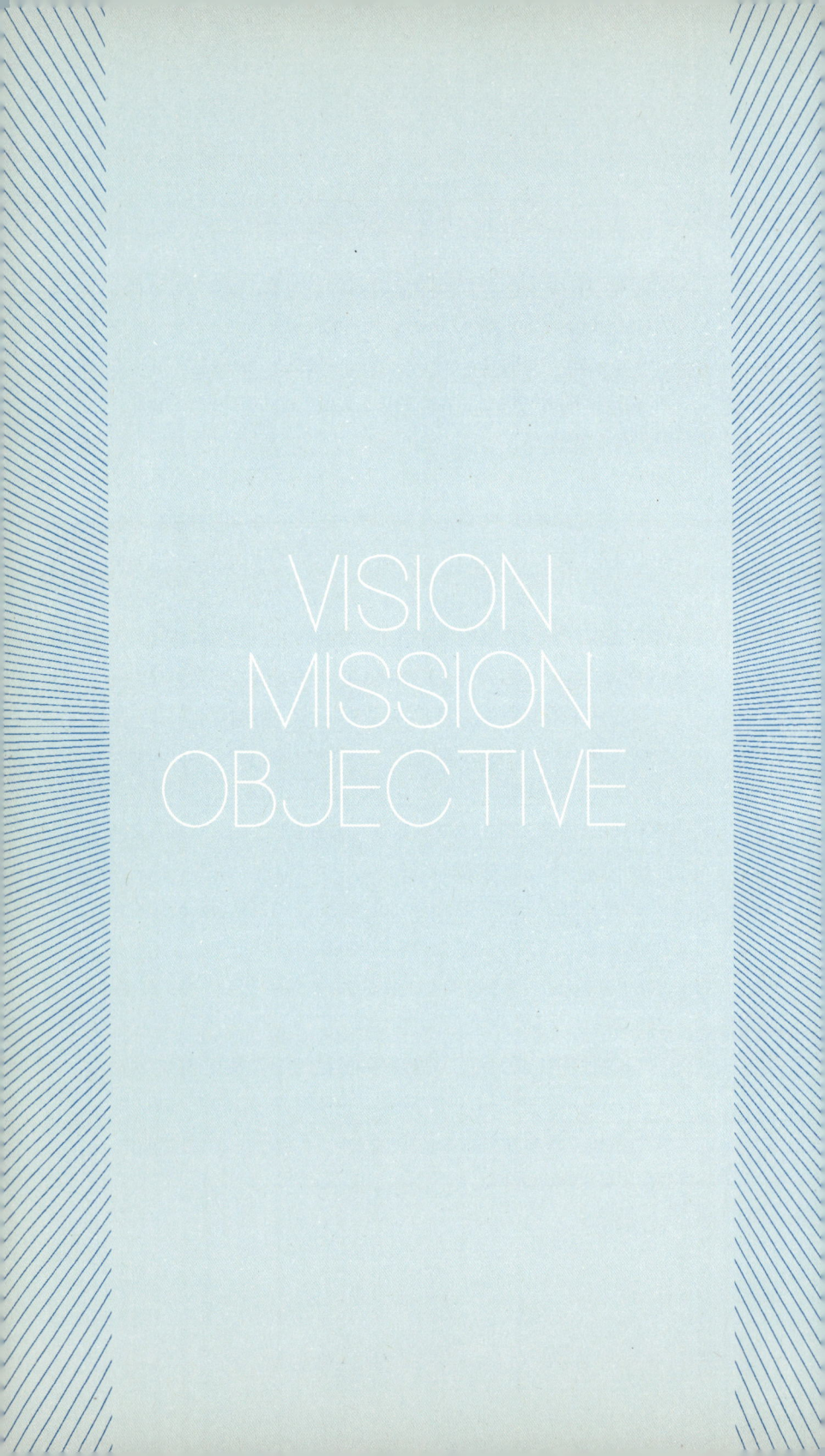

part 3

비전을 나눠라

인간은 끊임없이 어떤 방식으로 행동함으로써 특정한 자질을 습득한다.
올바른 행동을 하면 올바른 사람이, 절도 있는 행동을 하면 절도 있는 사람이,
용감한 행동을 하면 용감한 사람이 된다.
– 아리스토텔레스

모두에게 **행복**을
줄 수 있는 **꿈**을 꿔라

자신에게 행복을 줄 수 있는 꿈이 비전이다.
무엇을 할 때 가장 살아 있고 행복하며 다른 사람들에게도
행복을 줄 수 있는지 체크하라.

일본의 성공 학자 쿠라바야시 히데미츠는 자신이 평생 해야 할 일, 재능을 충분히 살릴 수 있는 일, 보람을 느끼는 일을 찾아야 성공을 하며, 이것을 '생명의 일'이라고 말합니다. 그는 대학 시절 은사인 샤세이키 교수에게 소원 성취 이론을 배워 자신만의 행복을 찾는 법에 대해 15년 동안 연구를 하고, 이를 바탕으로 다양한 강연과 집필 활동을 하고 있습니다. 그는 생명의 일이 진정한 성공과 행복의 바탕이라고 말합니다. 그가 말하는 '일'은 자기실현을 가능하게 만들며, 자신을 발전하게 만드는 모든 활동입니다.

히데미츠는 자신의 책에서 어떻게 생명의 일을 찾아야 하

는지 설명하고 있습니다. 성공학 강사인 그는 한 세미나에서 사람들에게 자신이 생각하는 행복한 삶이란 무엇인지 설문 조사를 했습니다. 그런데 이때 설문 조사에 응한 사람들의 답은 그를 무척 실망하게 만들었습니다. 사람들이 행복의 조건으로 든 것이 대부분 돈으로 살 수 있는 물질적인 것들이었기 때문입니다. 예를 들어 고급 아파트에서 호화롭게 살거나 호화 여객선을 타고 세계를 유람하는 것을 행복한 삶으로 여기고 있었던 것이지요. 하지만 과연 이런 삶이 자신의 진정한 행복과 성공의 기준이 될 수 있을까요?

물질적인 것들이 행복과 성공을 보장해 주는 것은 아닙니다. 재벌에게 "당신에게 지금 재산이 충분합니까?"라고 묻는다면 많은 재벌들은 고개를 가로저을 것입니다. 그에게는 자신보다 더 많은 재산을 가진 사람이 비교 대상이기 때문이지요. 만약 그가 우리나라 최고의 부자가 된다면 만족을 할까요? 이번에도 마찬가지일 것입니다. 그는 전 세계의 부자와 자신을 비교하거나 아니면 역사 속에서 가장 부자인 사람과 자신을 비교할 것입니다. 사람들은 자신의 현재에 만족하지 못하고 끊임없이 더 나아지기를 바라기 때문입니다.

인간은 욕망의 동물이라고도 합니다. 욕망은 무엇인가를 이루어 내려는 동력입니다. 그래서 욕망이 올바로 발현되면 비전과 꿈이 되지만, 잘못 발현되면 단순한 욕심으로 끝나 버

럽니다. 호화로운 생활은 사람들에게 부러움의 대상이 되게 해 줄지 모르지만, 자신에게는 곧 공허감만을 안겨 줍니다. 그러다 보니 더 큰, 더 많은 물질을 얻는 것만을 원하게 될 것입니다. 능력이 닿지 않으면 탈법을 저질러서라도 자신의 욕망을 채우려 할 것입니다.

개인의 욕심을 채우는 것은 행복을 주는 데 한계가 있습니다. 얼마 전 저는 우리나라 최고의 트렌드 아이콘인 한 여성 가수의 인터뷰를 봤습니다. 요즘 그녀는 유기견을 보호하면서 환경보호에도 앞장서고 있지요. 아이돌 그룹과 여성 가수로서 최고의 위치에 올랐지만, 그녀는 별로 행복하지 않았다고 합니다. 물론 사람들에게 인기를 얻고 돈도 벌었지만 그 이상 남는 것은 없었다고 합니다. 최고의 자리에 오른 사람일수록 더 해야 할 것이 무엇인지 몰라 허무해지기도 합니다. 그녀도 마찬가지였던 것 같습니다. 그러다가 그녀는 우연히 유기된 애완동물에 마음이 갔고, 지금은 봉사 활동을 통해 보람을 얻는다고 합니다. 그러면서 그녀는 자신의 삶에 대한 태도도 바뀌었다고 말합니다.

이전에는 단순히 최고가 되는 것이 목표였던 반면, 지금은 자신이 최고가 되어야 하는 이유가 있기 때문에 더 열심히 일을 하게 된다고 합니다. 연예인은 사람들의 시선을 받는 사람입니다. 그녀는 자신이 계속 톱스타로 있어야 자신이 자원봉사를 하는 유기견들에 대한 이야기도 많이 실리고 홍보가 되기 때문에 더 책임감을 갖고 일을 하게 되었다고 합니다. 개인만을 위한 성공에서는 허무감을 느꼈지만, 다른 사람들을 위해서 자신이 해야 할 몫을 찾은 지금은 모든 생활이 뿌듯하고 의미 있다는 인터뷰였습니다.

누구나 자기가 할 수 있고, 자기만이 할 수 있는 일을 하고 있을 때가 가장 행복합니다. 그리고 이런 일을 찾기 위해 꿈을 꾸고 노력합니다. 더불어 꿈은 혼자만의 만족이 아닌, 여러 사람과 함께 만들어 가는 만족이어야 더 커집니다. 베푸는 삶이 받는 삶보다 더 행복하다는 것을 잊지 마세요.

성공과 만족감을 조화시켜라

성공의 기준을 세울 때 반드시 고려해야 할 점은
자신이 얻은 성공의 결과물에 만족할 수 있어야 한다는 점이다.

욕망이란 어떤 혜택을 누리고 싶다는 감정으로, 자신에게 부족한 것을 채우기 위한 느낌이나 바람입니다. 적절한 욕망은 사회가 발전하고 개인이 살아가는 데 힘이 되지만, 욕망이 지나치면 주변 사람에게 피해를 입히며 자신도 망가지고 맙니다.

우리가 성공을 꿈꾼다는 것은 성공을 하고 싶다는 욕망이 있다는 의미입니다. 이때 욕망에 휘둘리지 않으려면 스스로 성공에 대한 기준을 세우는 것이 필요합니다. 사람들은 저마다 성공에 대한 개념이 다르기 때문입니다. 어떤 사람은 수천 명의 사람에게 존경받는 것을 성공의 척도로, 또 어떤 사람은 가족과 함께 행복한 가정을 꾸리는 것을 성공의 척도로 생각할 수 있습니다. 어떤 사람은 멋진 직업을 갖는 것을 성공이라고 생각할 수도 있겠지요.

성공의 기준을 세울 때 반드시 고려해야 할 점은 자신이 얻은 성공의 결과물에 만족할 수 있어야 한다는 점입니다. 성공한 사람들은 자신이 달성한 것에 만족합니다. 최선의 노력으로 목표한 바를 이루었으니 당연히 만족감이 높을 수밖에 없습니다. 성공한 사람은 성공을 통해 얻게 된 자아실현에 만족하고 기뻐하는 것입니다.

세상 사람들은 객관적인 기준으로 그 사람이 걸어온 길과 달성한 것들로 성공 여부를 판단합니다. 하지만 아무리 겉으로 성공해 보인다 하더라도 영혼 깊숙한 곳에서 자신이 하는 일에 대한 만족감이 없다면 그 사람은 늘 자신의 어느 한 부분이 결핍되어 있고 불행하다고 여길 것입니다.

세계적인 투자가 중 한 사람인 워런 버핏도 진정한 성공을 평가하는 척도로 만족감을 지적했습니다. 그는 자신의 재산을 늘리는 데서 행복을 찾는 것이 아니라 자신의 재산으로 다른 사람들을 위해 할 수 있는 일이 많다는 것에 행복감을 느꼈습니다. 그래서 자신의 재산의 85퍼센트인 370억 달러를 사회에 기부했는데, 우리나라 돈으로는 무려 40조 원이나 됩니다.

그는 자신이 쌓은 부가 모두 사회의 덕이라고 말하며, 더 많은 부자들이 세금을 더 많이 내야 한다고 주장합니다. 그리고 빌 게이츠와 함께 전 세계 부자들을 만나 기부 문화 확산에 힘을 쓰고 있습니다. 이런 워런 버핏의 별명은 '오하마의 현인'입니다. 세계에서 두 번째로 돈이 많은 사람이지만 버핏은 자신의 돈을 허투루 쓰지 않았습니다. 경호원도 없이 2001년에 나온 링컨 타운카를 직접 몰고 다니며, 1958년에 3600만 원에 구입한 집에서 아직도 살고 있지요.

투자를 할 때도 무조건 돈을 많이 버는 투자가 아닌, 작지만 발전할 수 있는 기업의 가능성을 면밀히 살펴보고 투자를 했습니다. 이를 통해 기업은 자본을 얻어 성공할 수 있게 되고, 버핏은 투자금의 수십 배의 이득을 얻게 된 것입니다. 기업 사냥꾼이 아니라 기업 인큐베이터인 워런 버핏을 사람들이 '현인(賢人)'이라고 부르며 존경하는 것은 당연하겠지요.

워런 버핏은 돈을 버는 것에 자신의 삶의 목적과 성공의 기준을 두지 않았습니다. 그의 목표는 돈이 아니라 능력과 성과에 의해 평가받는 사회를 만드는 것이었습니다. 그리고 자신의 목표를 이루기 위해 지금도 노력하고 있지요. 진정한 성공은 객관적인 성공과 주관적인 만족도가 서로 조화를 이룰 때 얻어집니다.

인생의 진정한 의미는
어떻게 만들어질까?

우리가 살아가는 힘은 삶의 의미에서 생긴다. 삶의 의미는
자기 자신에게만 있는 것이 아니라 타인과의 관계에서도 형성된다.

오스트리아 빈대학의 심리학자이며, 노벨 평화상을 받은 빅터 프랭클 박사는 제2차 세계대전 때 아내, 부모, 동생과 함께 빈에서 체포되어 아우슈비츠 강제수용소에 끌려갔습니다.

아우슈비츠 수용소는 나치가 인종 청소를 위해 만든 시설로, 열악한 음식과 환경 그리고 아무 의료시설조차 없는 이곳에서 수많은 유대인들이 죽어 갔습니다. 나치는 심지어 대량학살까지 저질렀지요. 프랭클 박사의 아버지는 굶어 죽었고, 어머니와 동생은 결국 수용소에서 죽임을 당했습니다. 모두 헤어져 있었기 때문에 그 사실도 1945년 전쟁이 끝날 때까지

는 알 수 없었습니다.

프랭클 박사는 아우슈비츠 수용소에서 살아남은 몇 안 되는 생존자 중 한 사람이었습니다. 그는 그 지옥 같은 곳에서 어떻게 살아남을 수 있었는지에 대한 질문을 자주 받았습니다.

"다른 사람들이 갖고 있지 않은 어떤 특별한 힘을 갖고 있었습니까?"

"어떻게 견딜 수 있었습니까?"

그때마다 프랭클 박사는 말했습니다.

"주어진 환경에서 어떤 마음 자세를 갖는가는 자신의 선택입니다. 나는 아우슈비츠에서 절망을 선택할 수도 있었고, 희망을 선택할 수도 있었습니다. 절망적인 상황에서 희망을 선택하고 계속 그것을 유지하기 위해서는 내가 간절히 원하는 어떤 것에 정신을 집중할 필요가 있었습니다. 나는 내 아내의 손에 생각을 집중했습니다. 그 손을 한 번만 더 잡아 보고 싶었습니다. 한 번만 더 아내의 눈을 바라보고 싶었습니다. 우리가 한 번 더 껴안을 수 있고, 가슴과 가슴을 맞댈 수 있기를 나는 간절히 원했습니다. 그것이 내 생명을 1초 1초 연장시켜 주었습니다."

프랭클 박사는 자신에게 닥친 불행한 일들에 절망하느라 에너지를 써 버리는 대신 하나의 목표에 마음을 쏟았습니다. 그 목표가 그에게 살아남아야 할 이유를 주었으며, 그로 인해 실제로 살아남을 수 있었지요.

여기서 그의 유명한 '삶의 의미론'이 시작됩니다. 프랭클 박사는 삶의 의미는 외부에 있다고 말합니다. 인생의 의미는 자기만으로 완결되지 않고 항상 주변 사람들, 사회와의 관계에서 생긴다는 것입니다.

프랭클 박사는 자신의 경험을 살려서 임상 치료를 많이 했으며, 자기 인생의 목표를 '다른 사람들이 인생의 의미를 생각하는 것을 도와주는 것'으로 정했습니다.

"말기암 환자에게 삶의 의미란 무엇인가?"라는 질문에 프랭클 박사는 "환자가 자기 상황을 알고 나서 취한 태도에 따라서 주변 사람들이 용기를 얻는다. 바로 거기에 의미가 있다."고 말합니다. 자신의 삶을 정리해야 하는 인생 최후에 있는 사람에게도 인생의 의미는 자신과 연관된 사람들을 통해 얻어진다는 의미이지요.

여러분은 지금 삶의 의미를 갖고 있나요? 만약 자신의 삶의 의미를 찾고 싶다면 주변 사람들에게 자신이 어떤 의미로 남을지, 그들을 위해 어떤 일을 해야 하는지 고민해 보세요. 그 안에서 삶의 의미는 저절로 찾아질 것입니다.

값지고 명예로운 인생을 만들어 나가자

값진 인생을 사는 것이 성공한 삶이다.
자신이 쌓아 올린 경력과 재산을 명예로운 삶의 바탕으로 삼자.

우리는 혼자 살 수 없습니다. 인간은 사회적인 동물이라고 하지요. 특히 복잡한 현대 사회에서는 원시시대처럼 자급자족하는 것이 아니라 거의 모든 것을 다른 사람들의 도움을 받아 해결합니다. 개개인은 극히 한정된 일을 하지만 사회 속에서 다른 사람들로부터 물질적으로나 정신적으로 다양한 것을 받고 삽니다.

다음은 중국에서 성공한 이기영 사장의 이야기입니다.

이 사장은 중국과 수교를 하기 전인 1989년에 한의학을 공부하러 중국으로 건너갔습니다. 이후 1994년에 파파스식품회사를 설립하여 철저한 원칙 경영과 파격 전략으로 현재 식당

대국 중국에서 '식당왕'이 되었습니다. 1996년에는 마마쇼우 식품회사 설립과 함께 식품 가공 공장을 세워 전국 직영점에 자사의 식품을 직접 공급했습니다. 또한 2001년부터는 중국 전역에 '야오니'라는 토털패션회사를 설립하여 13억 중국인의 입맛에 이어 패션에까지 그 영역을 넓혀 가고 있습니다.

그는 딸에게 보낸 편지에서 필요한 도움과 필요 없는 도움에 대해 알려 주었습니다.

"돈은 다 쓰려고 해도 쓸 수 없단다. 필요한 사람에게 나누어 주는 삶을 사는 경영자가 되기를 바란다. 돈이 필요한 사람들은 얼마든지 있을 거야. 사업을 하는데 도와달라고 하는 형제, 친척들이 집을 사는 데 부족하다며 도와달라고 할 수도 있단다. 이런 도움에는 인색할수록 좋단다. 도와줄수록 주위 사람들은 습관적으로 도움을 요구하고, 결국 어쩔 수 없는 금전 관계의 굴레에서 욕을 먹으면서 살아가는 사람이 되고 만단다.

물론 적당히 판단하여 그들을 돕는 것은 좋은 일이겠지만 진정 이 사회에서 도움을 필요로 하는 곳, 즉 빈곤으로 고통받고, 굶주리고 있는 사람들에게 다시 분배하는 정신으로 살아가는 것이 사람들에게 기억되는 경영자가 되는 길이란다. 불치병으로 고생을 하고 있는 어린이들, 선천성 심장병으로 고생을 하고 있는 어린이들 등 우리 주위에는 수많은 고통의 구렁에서 울부짖고 있는 사람들이 많단다.

그들의 안식처를 만들어 주고 그들의 아픈 곳에 약을 발라 줄 수 있는 경영자는 정말 아름답다. 그 경영자는 자신이 도움을 주었던 수많은 사람들에게 기억되어 영원히 그 생명을 유지할 수 있는 것이 아니겠니? 네가 가지고 있는 돈은 명예로운 인생을 만들어 나가는 데 필요하다는 것을 잊지 말아라."

사람들 중에는 성공을 하면 그때부터 좋은 일을 하겠다는 경우가 있습니다. 하지만 언제나 돈은 모자랄 것이고, 시간은 없을 것입니다. 무엇이 가장 가치 있고 명예로운 일인지 생각해 보세요. 그리고 그것부터 당장 시작하세요.

자신의 인생을
좋은 작품으로 만들자

절망하는 상황이 생겨도 극복해 내면서 자신의 인생을
최고의 작품으로 만들어 사람들에게 울림을 주자.

나는 다른 사람들에게 감동을 줄 수 있는 인생이야말로 최고의 인생이라고 생각합니다. 감동은 여러 종류가 있습니다. 우리 주위에서 누군가 자신의 한계를 극복하는 과정을 보고 감동하기도 하고, 자신이 아닌 다른 사람을 위해 힘들고 어려운 길을 가는 사람을 보며 감동하기도 합니다. 우리는 진심으로 노력하고, 최선을 다하는 사람들을 보면서도 감동합니다.

'나는 가수다'라는 프로그램을 보면 여러 가수들이 나와 최고의 기량을 선보입니다. 사람들은 열창을 하는 가수들을 보면서 멋지다고 생각할 뿐 아니라 그들이 최선을 다하는 모습에서 감동을 받습니다.

저는 어려서부터 예술을 좋아했습니다. 합창단에 들어갔고, 그림 그리기도 좋아했고, 책도 많이 읽었습니다. 고등학교, 대학교 시절 밴드에서 기타도 쳤고, 영화도 많이 봤습니다. 클래식 음악도 좋아하고, 시에 매료되기도 했지요. 이런 과정을 통해 저는 값어치 있는 작품이란 한마디로 나 자신에게 감동을 주는 작품이라는 것을 깨달았습니다.

몇 번을 들어도, 몇 번을 보아도, 몇 번을 읽어도 감동을 주는 작품이 좋은 작품입니다. 그리고 사춘기 때나 일흔이 넘은 지금이나 좋은 작품에서는 역시 같은 감동을 받습니다.

위대한 예술 작품을 접하면 가슴속에서 뜨겁게 무엇인가 솟아나는 것을 느낍니다. 우리는 그것을 감동이라고 부르지요. 감동은 사람에게 희망과 용기와 자신을 줍니다.

여러분도 희망과 용기와 자신을 주는 작품을 만들어 주었으면 좋겠습니다. 좋은 작품은 꼭 예술계에서 일을 하지 않더라도 만들 수 있습니다. 자기 인생을 좋은 작품으로 만드는 것입니다. 좋은 인생, 훌륭한 인생도 좋은 작품이고 감동을 주는 작품입니다.

그런 사람들의 뉴스가, 그런 사람들의 전기가 많은 사람들에게 희망과 용기와 자신을 주고 있습니다. 노예해방에 앞장서고, 민주주의를 위하여 싸우고, 의료봉사를 조직하고, 전쟁을 억제하고, 인류에 유익한 발견 발명을 하고……. 감동을 주는 인생은 과거에도 많았고, 앞으로도 많이 있을 것입니다.

온리원(only one),
온리유(only you)를 외쳐라

세상에서 하나뿐인 자신만의 길을 찾아 승부하자.
영원한 일등은 남들이 따라올 수 없는 자신만이 갖고 있는
온리원(only one)에서 만들어진다.

세상은 넓고 할 일은 많습니다. 이왕이면 남의 뒤를 쫓아가지 말고 자기만의 길, 자기만이 할 수 있는 일을 찾아보세요. 학문 연구를 할 때도 자기만의 문제, 자기만의 방법을 찾아보세요. 사업을 하더라도 기존에 있는 회사를 흉내 내지 말고 새로운 서비스, 새로운 상품으로 승부를 거는 것이지요.

오늘날 전 세계에서 사랑받고 있는 소담스러운 빨간 선인장은 우리나라에서 개발한 특산품입니다. 빨간 선인장 연구에 평생을 바친 선인장 박사 이동운 씨는 20여 년 동안 백여 번에 걸친 선인장 재배에서 무수한 실패를 거듭했습니다. 어

느 날 그는 선인장이 빨간색을 띠지 않는 이유가 바이러스 때문임을 깨닫고, 무균대목(無菌臺木)에 비모란 씨앗을 접목시키는 방법으로 세계 최고 품질의 빨간 선인장을 탄생시킬 수 있었습니다.

국내외의 어떤 연구소에서도 이루어 내지 못한 것을 이동운 박사는 끈질긴 집념과 노력으로 성공시켰습니다. 그로 인해 이 박사는 세계의 꽃 수출 종주국인 네덜란드에서 파격적인 조건의 스카우트 제의를 받았습니다. 그러나 그는 오직 우리나라 선인장 농업의 발전을 위해 일하고자 그 제의를 거절했으며, 나아가 빨간색뿐만 아니라 노란색, 핑크색, 검정색 선인장까지 잇달아 개발하여 우리나라가 세계 선인장 시장을 계속 석권하게 만들었습니다.

자신만의 방법을 고집하며 집념을 불태우는 삶은 아름답고 또 많은 사람들에게 깊은 감동을 줍니다. 《지금 시작하자. 늦었다고 생각한 순간이 가장 빠른 때다》의 저자 나카지마 가오루는 이렇게 말합니다.

"최고는 확실히 멋집니다. 그러나 그것은 어딘가 아슬아슬한 느낌도 듭니다. 최고라는 것은 어떤 것과 비교했을 때 '그 중에서 제일 좋다'는 것이니까요. 비교한다, 겨룬다는 것은 둘 중 어느 하나 또는 여러 개 중에서 어떤 것이 좋은가를 결정하는 겁니다. 무슨 의미인가 하면, 일등이 된다는 것은 쫓기는 입장이라는 것이지요. 언젠가는 뒤처지게 된다는 뜻입니다. 영원히 일등을 유지한다는 것은 있을 수 없는 일이니까 말입니다."

나카지마 가오루는 그래서 넘버원이 되기보다는 온리원이 되라고 조언합니다. 세상에 하나 뿐인 것은 절대적인 것, 오직 하나뿐인 것입니다. 따라서 그 빛이 다릅니다.

친구들 중에서 제일 예쁘다고 해 봐야 이 세상에는 그보다 훨씬 예쁜 사람들이 얼마든지 있습니다. 그러므로 당신에게만 있는 매력을 갈고 닦아야 합니다. 반에서 제일 좋은 성적을 받는 것보다는 다른 사람의 마음을 울리는 멋진 문장을 쓸 수 있는 능력을 가진 사람이 더 경쟁력이 있습니다. 남이 감히 흉내를 낼 수 없는 유일한 것을 지니고 있는 사람이 결국 성공하기 때문입니다. 저는 작은 것이라도 자신만의 고유한 것을 갖고 있는 사람들을 존경합니다.

인생을 여러 번 사는 방법이 있다

자신의 가상 죽음을 알리고 새로운 삶을 계획해 보자.
새로운 삶은 새로운 도전을 할 수 있는 힘을 줄 것이다.

사람은 누구나 인생을 다시 산다면 이번보다는 더 잘 살 것이라고 생각합니다. 하지만 안타깝게도 인생은 한 번뿐입니다. 그래서 사람은 자기 인생에 대하여 진지해지는 것이겠지요. 일본의 작가 우에마에 준이치로는 자신의 책에서 인생을 다시 사는 법에 대해서 알려 줍니다.

우선 자신이 죽는 시간을 정해 놓습니다. 예를 들어 3일 후든 1주일 후든 미리 정해 주세요. 그리고 주변을 정리합니다. 자신의 죽음을 부모, 형제, 친구, 지인에게 알리고 부음을 보내고 세상의 모든 것과 헤어지세요. 아무도 만나지 말고 혼자서 자신의 인생을 되돌아보길 바랍니다. 많은 일들이 생각날 것입니다. 지금까지의 인생을 돌아보면 만족스러운 것도 있을 테고, 후회스러운 일도 있을 테지요. 무엇 때문에 세상을 살아가며 안달복달했던가 하는 생각도 들 겁니다.

정리가 끝난 후에는 부활의 날을 맞게 됩니다. 이렇게 없어졌던 삶이 다시 생기면 모든 것이 놀랍고 신선하게 느껴질 것입니다. 이때부터는 아무 생각 없이 무의미하게 보냈던 하루하루가 귀중하고 감사하게 생각됩니다. 매일매일 열심히 살지 않으면 안 되겠다는 마음도 생길 것입니다.

또 다른 방법으로 새로운 삶을 살 수도 있습니다. 일일일생(一日一生)을 사는 것입니다. 아침에 일어나면 새 생명을 얻은 것이고, 잠잘 때면 한 일생이 끝난다고 생각해 보세요. 아침이면 하루 계획을 세우고 열심히 삽니다. 밤이 되면 자신의 인생이 마지막이라고 생각하고 그날 인생을 돌이켜보며 반성합니다. 이렇게 하루하루를 충실히 살아가다 보면 후회하지 않는 삶을 살아가게 될 것입니다.

위의 두 가지 방법을 참고하면 결국 우리는 여러 번의 인생을 살 수 있습니다. 한 달마다 죽었다 다시 살아날 수도 있고, 일 년마다 죽었다 다시 살아날 수 있습니다. 자기 상황에 따라, 자기 필요에 따라 자기 인생을 몇 번이건 다시 살 수 있습니다. 새로운 삶은 새로운 도전을 할 수 있는 힘을 줄 것입니다. 그러나 효과가 있으려면 그만한 각오가 있어야 되겠지요.

성공을 세상에 전파하라

비전을 세우는 최종 목표가 성공이라면,
성공의 최종 목표는 다른 사람에게 희망과 용기와 자신감을 주는 것이다.

성공은 멋있고 신이 납니다. 본인뿐만 아니라 남들에게도 감동을 줍니다. 성공의 사례들은 사람들에게 자신이 성공할 가능성을 보여 주고 '나도 할 수 있다'는 용기를 줍니다. 이렇게 성공은 한 사람에게서 다른 사람에게로 전파됩니다. 성공이 위대하면 할수록 멀리 퍼지고 많은 사람에게 전파됩니다.

독일에 슈바이처가 있다면, 한국에는 '상계동의 슈바이처'로 불린 김경희 원장이 있습니다. 구한말 궁의(宮醫)의 손자로 태어난 그는 자연스레 의술을 접하게 되었고, 자신의 의술을 헐벗고 굶주린 사람들을 위해 쓰겠다고 다짐했습니다. 1941년, 연세대학교 의과대학의 전신인 세브란스의전에 다닐 때부터 그는 서울 답십리 조선보육원 아이들을 대상으로 의료봉사를 시작했지요. 한국전쟁이 끝난 후 일본 교토대학교로 유학을 가서 의학박사 학위를 받은 그는 한국에 돌아온 후 다시 빈민들이 모여 사는 답십리, 청계천, 망원동, 한강 뚝방촌을 돌아다니며 진료를 했습니다. 당시 유학파 의사라면 번듯한 대학의 교수나 종합병원 원장으로 평생을 걱정 없이 떵떵거리며 살 수 있었습니다. 하지만 김경희 원장은 자신의 사명을 가난한 사람을 위해 봉사하는 것으로 세웠기에 남들이 부러워하는 지위나 재산이 조금도 탐나지 않았습니다.

그는 귀국해서 10년 동안 전국을 돌며 빈민촌에서 무료 진료를 하다가 1984년에 상계동에서 은명내과를 개업하였습니다. 이후 2004년 노환으로 병원 문을 닫을 때까지 20년 동안 단돈 1000원을 진료비로 받으며 의료봉사를 지속해 왔습니다.

이외에도 김경희 원장은 은명장학회를 통해 불우청소년에게 총 4억여 원의 장학금을 지급했고, 자신의 전 재산을 모교 대학교에 기증했지요. '은명 봉사의 전화'를 열어 무의탁 노인과 병원 동행, 장애인을 위한 심부름 서비스를 하고, '은명마을'을 설립해 무료 급식, 위로 관광, 생활비 보조 같은 영세민 지원 활동도 하였습니다.

김경희 원장은 자신의 봉사를 드러내려 하지도, 자랑하려 하지도 않았습니다. 그저 묵묵히 세상에 봉사의 씨앗을 뿌린 것입니다. 김 원장의 혜택을 받은 학생이나 주변에서 그의 삶을 바라본 사람 중에서는 김 원장과 같은 삶을 살아가는 사람이 분명 있을 것입니다. 이를 통해 김경희 원장의 마음이 이어지는 것이겠지요. 이렇듯 자신의 삶을 통해서 성공을 전파하는 사람은 평생 살아갈 수 있습니다. 혜택을 받은 사람의 마음에 살아 있기 때문입니다.

제게는 큰 누나가 있습니다. 그런데 어느 날 누나의 사망 소식을 듣게 되었습니다. 사는 데 바빴던 형제들은 그제야 누나의 삶을 살펴보게 되었어요. 누나는 자신이 암이라는 진단을 받은 후 조용히 주변을 정리하고 혼자서 호스피스 병동에서 지냈다고 합니다. 주변 사람들은 누나가 무척 평온하게 투병 생활을 하셨다고 해요. 누나가 제게 남긴 것은 그동안 살아오면서 모아 두었던 작은 재산이었습니다. 통장과 도장을 보면서 저는 누나가 어떤 말을 하고 싶었는지 알 수 있었습니다.

당시 포항공대에 있던 저는 누나의 이름으로 대학에 작은 장학기금을 만들었습니다. 그리고 해마다 8명 정도의 학생을 뽑아 해외여행의 기회를 주는 장학금을 지급하고 있습니다. 해외여행으로 무엇을 보고, 자신의 삶에 어떤 비전을 세울 것인지 계획서를 제출하면 이 중에서 가장 좋은 계획을 세운 학생에게 여행 기회를 주는 것이지요. 벌써 수년째 이 프로그램은 운영되고 있습니다. 물론 학생들이 누나의 삶에 대해 알지는 못할 것입니다. 하지만 저는 이를 통해 누나의 삶이 계속 이어진다고 생각합니다.

비전을 세우는 최종 목표가 성공이라고 한다면, 성공의 최종 목표는 무엇일까요? 바로 다른 사람에게 희망과 용기와 자신감을 주는 것입니다. 그 주인공이 바로 여러분이라는 자신감을 갖기를 바랍니다. 여러분 앞에 펼쳐진 무궁무진한 미래는 가장 큰 성공의 바탕이기 때문입니다.

'비전에 의한 삶'으로 나만의 비전 찾기

VISION
MISSION
OBJECTIVE

자기 발견, 비전 정립, 목표 달성을 위한 계획 수립 그리고 실천 등 '비전에 의한 삶'에는 사고와 활동의 여러 단계가 있습니다. 이 워크북은 비전을 세우고 싶은 여러분이 이들 단계에 따라 직접 비전을 만들어 갈 수 있도록 도와줍니다.

여기에 마련한 여러 양식과 방법은 제가 여러 선배와 석학들의 아이디어를 기반으로 만든 것입니다. 따라서 여러분은 자신의 필요와 취향에 따라 얼마든지 수정하거나 개선해 써도 좋습니다. 모든 활동을 직접 해 보면 비전에 대해 더 잘 이해할 수 있을 것입니다.

자신의 비전이 이미 준비된 사람이라면 이 워크북을 통해 비전에 따른 구체적인 계획을 세우면서 '비전에 의한 삶'을 바로 시작할 수 있습니다. 준비가 부족한 사람은 어디에 문제가 있고 무엇을 더 구체화해야 하는지 알게 됩니다. 이 경우에는 시간을 두고 미흡한 부분을 보완하고 다시 순서도에 따라 '비전에 의한 삶'을 완성하면 됩니다. 자, 그러면 순서대로 한 번 해 볼까요?

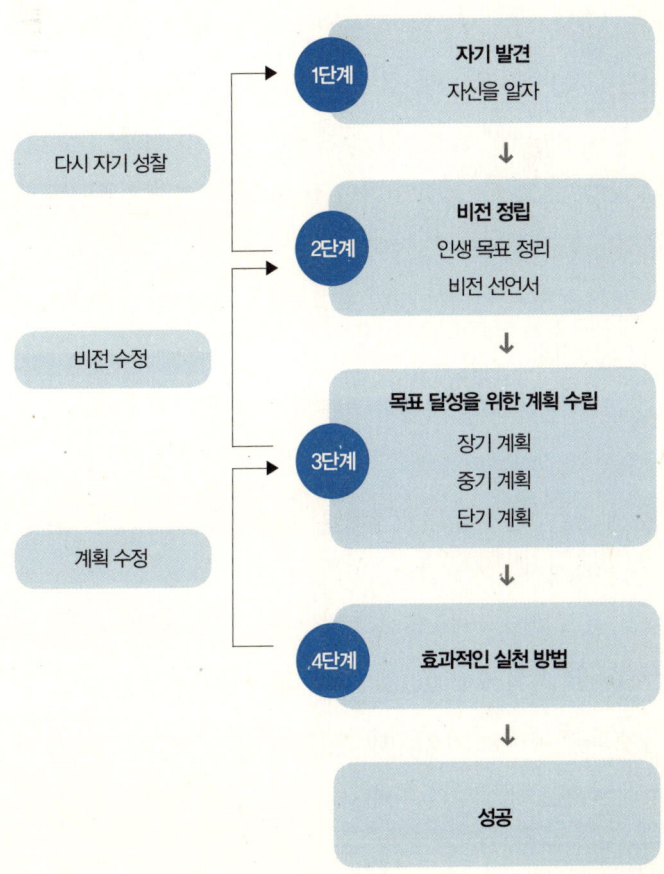

01 자기 발견

자신의 비전을 제대로 말할 수 있다면 이 단계는 필요 없습니다. 왜냐하면 '자신의 비전을 안다'는 것은 자신을 제대로 안다는 의미와 같기 때문입니다. 반대로 아직 자신의 비전을 제대로 정립하지 못했다면 우선 자기 자신에 대해서 정확하게 알아야 합니다. 이것이 비전 정립의 시작이자 기본이기 때문입니다. 자기 자신을 안다는 것은 자신의 가치관과 자신이 하고 싶은 일을 안다는 것이 포함되므로 이 작업은 결코 만만치 않습니다.

자기를 알기 위한 작업이 가만히 책상 앞에 앉아 명상과 사색으로 해결된다면 얼마나 좋을까요? 그러나 실제로 이 작업은 생각보다 동적입니다. 생각을 정리해 문장으로 쓰기도 하고, 주변 사람들과 대화하고, 실제로 일을 해 보기도 하고, 자신의 성격을 분석하는 검사도 필요하지요. 자신을 제대로 파악하기 위한 작업에 정답은 없습니다. 여러 가지 방법과 도구가 있을 뿐이지요. 이 가운데 자신에게 맞는 것을 선택해서 작성해 보세요. 처음부터 완벽을 바라지 말고 우선 시작을 하는 것이 중요합니다.

 나를 알자

양식을 이용해 조직적으로 자신을 되돌아보면 평소에 의식하지 않았거나 무시했던 것도 소중하며 삶에 큰 비중을 차지한다는 것을 알게 됩니다.
제일 쉬운 방법으로는 다른 사람들에게 나를 소개하는 방법이 있습니다. 나를 어떻게 소개할까요? 다음의 내용을 적으면서 자기 자신을 돌아보세요.

자기소개서

이름

학교   학년

가족 상황

교내 활동

취미

나의 진로 계획

특기

성장 과정에서 기억나는 일

기타

 나를 돌아보기

지난날을 돌이켜 보면 나 자신을 좀 더 자세히 알 수 있습니다.
다음 질문에 답해 보세요.

**1. 초등학교, 중학교, 고등학교 때 가장 하고 싶었던 일은 무엇인가요?
그때는 장래에 무엇이 되고 싶었는지 되돌아보세요.**

:: **초등학교 때**
하고 싶었던 일

장래 희망

:: **중학교 때**
하고 싶었던 일

장래 희망

:: **고등학교 때**
하고 싶었던 일

장래 희망

2. 어떤 경우에 칭찬받았는지 생각해 보세요.

:: **초등학교 때**

:: 중학교 때

:: 고등학교 때

3. 내가 잘하는 일은 무엇인가요?
   과거, 현재에 칭찬받은 일도 함께 적어 보세요.

   :: 잘하는 일

   :: 칭찬받은 일

4. 내가 좋아하거나 즐거워하는 일은 무엇인가요?

5. 잘하는 일과 좋아하는 일 중 일치하는 것은 어떤 것들인가요?
   일치하는 것 중에서 자신이 가장 하고 싶은 일은 무엇인지
   꼽을 수 있나요?

   :: 일치하는 것

   :: 가장 하고 싶은 일

자기 발견 3 **나의 강점과 약점**

지금의 나를 살펴보세요. 사소한 것이라도 빠짐없이 적으면서 강점은 더욱 강화시키고, 약점은 점점 없애는 방향으로 노력해 보세요.

1. 나의 강점

2. 나의 약점

자기발견 4  능력과 직업 탐색하기

내가 가지고 있는 능력에는 어떤 것들이 있나요?
어디에 활용하고 무엇이 될 수 있을까요?

내가 남보다 잘하는 분야와 능력	활용 가능한 분야와 직업
분야	분야
능력	능력

자기 발견 5   나의 성격과 적성 알아보기

뭔가 평생을 통해 이루고자 하는 것이 있다면 자신의 성격과 습성을 무시할 수 없습니다. 물론 성격을 아는 것만으로 모든 것이 결정되는 것은 아니지만 목표를 달성하기 위해서는 자신의 성격을 잘 알아야 합니다. 그래야 자신에게 맞는 목표를 세우고, 방법을 찾아낼 수 있습니다.

성격검사는 심리학에서 학문적으로 많이 연구된 분야입니다. 여러 가지 성격검사가 있는데, 그중에서 널리 사용되는 것이 MBTI입니다. 그리고 적성검사도 다양합니다. 요즘에는 온라인 사이트에 진로 상담 코너가 있어 무료로 검사도 받고, 자신의 직업 적성도 찾아볼 수 있습니다.

〈검사 전 유의사항〉
각 문항에서 2개 중 평소에 편하고, 자연스럽게, 습관적으로 하는 것을 체크하세요.
각각의 유형을 통해 나온 자신의 성격을 체크해 놓으세요.
이 검사는 MBTI 유형 검사를 학생들에게 맞춰 수정한 것입니다. 간단한 참고용이므로 좀 더 구체적인 검사를 원한다면 관련 전문기관을 이용하세요.

1. 외향형 – 내향형

☐ 나는 말하기를 좋아하는데, 종종 말 때문에 실수하기도 한다.
☐ 말이 없는 내게 친구들이 답답해한다.

☐ 새로운 친구와 만날 때 어색하지 않다.
☐ 모르는 친구랑 어울리면 피곤하다.

☐ 나는 말하면서 생각하고 대화하면서 종종 결심한다.
☐ 친구들에게 내 의견을 말하기 전에 신중히 생각한다.

☐ 팀을 짜서 일하는 것이 편하다.
☐ 혼자 혹은 몇몇 친구와 일하는 것이 편하다.

☐ 친구들에게 내 의견을 잘 표현한다.
☐ 내 생각이나 견해를 주로 마음속에 간직하는 편이다.

☐ 말을 할 때 큰 몸짓을 섞으면서 표현한다.
☐ 말을 할 때 몸짓을 사용하면 어색하다.

☐ 혼자 공부하면 잘 안 되고 지루하다.
☐ 혼자서도 오랫동안 공부를 잘 한다.

☐ 공부할 때는 어느 정도의 소음도 도움이 된다.
☐ 소음이 있는 곳에서는 집중이 잘 안 된다.

☐ 말이 빠른 편이다.
☐ 목소리가 작고 조용하게 천천히 말하는 편이다.

☐ 밖에 나가서 활동하는 것이 편하다.
☐ 집에 있는 것이 편하다.

※ 두 문항 중 위쪽 문항의 답이 많으면 외향형[E], 아래쪽 문항의 답이 많으면 내향형[I]입니다. 두 개가 똑같을 경우에는 내향형[I]으로 표시하세요.

2. 감각형 – 직관형

☐ 나는 현실적이다.
☐ 나는 미래지향적이다.

☐ 판단을 내릴 때는 나의 경험이 바탕이 된다.
☐ 이야기를 듣고 떠오르는 직관으로 판단한다.

☐ 이야기를 할 때 사실적 묘사를 잘한다.
☐ 이야기를 할 때 추상적 표현을 잘 쓴다.

☐ 나는 구체적이다.
☐ 나는 은유적이다.

☐ 어떤 일을 상식적으로 해결하려고 한다.
☐ 어떤 일을 늘 창의적으로 해결하려고 한다.

☐ 나는 늘 다니던 길이 편하다.
☐ 나는 새로운 길을 탐색하는 것이 재미있다.

☐ 나는 해 오던 일이 편하다.
☐ 나는 늘 새로운 일에 흥미를 갖는다.

☐ 친구에게 설명할 때 약도를 구체적으로 그린다.
☐ 약도를 구체적으로 그리기 어렵다.

☐ 나는 세세하다.
☐ 나는 비약한다.

☐ 나는 실제 경험을 좋아한다.
☐ 나는 공상을 좋아한다.

※ 두 문항 중 위쪽 문항의 답변이 많으면 감각형[S], 아래쪽 문항의 답변이 많으면 직관형[N]입니다. 두 개가 똑같을 경우에는 직관형[N]으로 표시하세요.

3. 사고형 – 감정형

☐ 나는 분석적인 성격이다.
☐ 나는 감수성이 풍부한 성격이다.

☐ 나는 사물이나 사람을 객관적으로 바라본다.
☐ 나는 사물이나 사람을 공감하면서 본다.

☐ 나는 어떤 결정을 내릴 때 감정에 치우치지 않는다.
☐ 나는 주변 상황을 고려해 의사결정을 한다.

☐ 친구들에게 이성적이고 논리적이라는 말을 듣는다.
☐ 친구들에게 가치관과 사람 중심으로 행동한다.

☐ '너는 능력 있다'는 소리가 듣기 좋다.
☐ '너는 따뜻하다'는 소리가 듣기 좋다.

☐ 친구들과 경쟁을 두려워하지 않는다.
☐ 친구들에게 주로 양보하는 편이다.

☐ 나는 직선적으로 말하는 편이다.
☐ 나는 상대방을 배려하여 우회적으로 말하는 편이다.

☐ 나는 사건의 원인과 결과를 쉽게 파악한다.
☐ 나는 사람의 기분을 쉽게 파악한다.

☐ 친구들이 나를 차갑다고 하는 편이다.
☐ 친구들이 나를 따뜻하다고 하는 편이다.

☐ 할 말은 해야 속이 풀린다.
☐ 좋은 게 좋다고 생각하는 편이다.

※ 두 문항 중 위쪽 문항의 답변이 많으면 사고형[T], 아래쪽 문항의 답변이 많으면 감정형[F]입니다. 두 개가 똑같을 경우 남자의 경우 감정형[F], 여자의 경우 사고형[T]으로 표시하세요.

4. 판단형 – 인식형

☐ 한번 결정을 내리면 잘 변경하지 않는다.
☐ 결정을 내려도 상황에 따라 융통성이 있다.

☐ 나는 계획을 꼼꼼히 세우고 공부를 한다.
☐ 나는 마지막에 벼락치기 공부를 한다.

☐ 여행을 갈 때는 꼼꼼하게 일정 계획을 세운다.
☐ 여행은 가방 하나 들고 훌쩍 떠나는 게 좋다.

☐ 내 책상은 늘 정리가 잘 되어 있다.
☐ 책상은 날 잡아서 한 번에 정리한다.

☐ 나는 일을 할 때 조직적인 분위기가 좋다.
☐ 나는 즐거운 분위기에서 일하는 것이 좋다.

☐ 내 생활도 계획적이고 조직적이다.
☐ 나는 어떤 일에 순발력이 뛰어나다.

☐ 나는 규범을 좋아한다.
☐ 나는 자유롭기를 원한다.

☐ 친구들과 함께 일하면서 친해진다.
☐ 친구들과 함께 놀면서 친해진다.

☐ 내 책상은 주변은 깔끔하다.
☐ 내 책상은 주변은 너저분하다.

☐ 쇼핑을 갈 때 미리 살 물건을 적어 간다.
☐ 쇼핑을 갈 때 그냥 가서 필요한 것을 산다.

※ 두 문항 중 위쪽 문항의 답변이 많으면 판단형[J], 아래쪽 문항의 답변이 많으면 인식형[P]입니다. 두 개가 똑같을 경우 인식형[P]으로 표시하세요.

[자신의 유형 및 알맞은 직업 찾기]

ISTJ	ISFJ	INFJ	INTJ
ISTP	ISFP	INFP	INTP
ESTP	ESFP	ENFP	ENTP
ESTJ	ESFJ	ENFJ	ENTJ

ISTJ

신중하고 조용하며, 집중력이 강하고, 매사에 철저하며, 사리 분별력이 뛰어나다. 사실에 대해 정확하고 체계적으로 기억하며, 일 처리도 신중하며, 책임감이 강하다. 보수적인 경향이 있으며, 문제 해결에 과거의 경험을 잘 적용한다. 정확성과 조직력을 발휘하는 분야의 일을 선호한다. 회계, 법률, 생산, 건축, 의료, 사무직, 관리직 등에서 능력을 발휘할 수 있다.

ISFJ

조용하고 차분하며, 친근하고 책임감이 있으며, 헌신적이다. 다른 사람의 사정을 고려하며, 자신과 타인의 감정에 민감하다. 일도 현실감을 갖고 실제적이고 조직적으로 처리한다. 자신이 틀렸다고 인정하기 전까지는 어떤 난관이 있어도 꾸준히 밀고 나가는 편이다. 때로는 의존적인 경우도 있고, 독창성이 요구되기도 한다. 타인에 대한 관심과 관찰력이 필요한 분야인 의료, 간호, 교직, 사무직, 사회사업이 적합하다.

INFJ

창의력과 통찰력이 뛰어나며, 강한 직관력으로 말없이 타인에게 영향력을 끼친다. 확고한 신념과 열정으로 자신의 영감을 구현시켜 나가는 정신적 지도자들이 많다. 한곳에 몰두하는 경향으로, 목적 달성에 필요한 주변적인 조건들은 중요하게 생각하지 않기 쉽고, 자기 안의 갈등도 많고 복잡하다. 직관력과 사람 중심의 가치를 중시하는 성직자나 심리학자, 심리 치료와 상담, 예술가나 문학가가 적합하며, 순수 과학이나 연구 개발 학자에도 적합하다.

INTJ

행동과 사고가 독창적이며, 강한 직관력을 지녔다. 자신의 영감과 목적을 실현시키려는 의지와 결단력과 인내심을 갖고 있다. 자신과 타인의 능력을 중시하며, 목적 달성을 위해 노력을 바쳐 일한다. 냉철한 분석력은 사람의 감정을 무시할 수 있으므로 다른 사람의 감정을 고려하고 타인의 관심에 귀를 기울이는 태도가 필요하다. 직관력과 통찰력이 필요한 과학, 엔지니어링, 발명, 정치, 철학 관련 직업이 적합하다.

ISTP

조용하고 과묵하며, 절제된 호기심으로 인생을 관찰하는 형이다. 일과 관계되지 않는 이상 어떤 상황이나 인간관계에 직접 뛰어들지 않는다. 사실적 자료를 정리하고 조직하기 좋아하며, 기계를 만지는 일이나 연장, 도구, 기계를 다루는 데 뛰어나다. 민첩하게 상황을 파악하는 능력이 있으나 느낌이나 감정, 타인에 대한 마음을 표현하기 어려워한다. 법률, 경제, 마케팅, 판매 통계 분야에 능력을 발휘한다.

ISFP

말없이 다정하고, 속마음이 따뜻하며 친절하다. 하지만 상대방을 잘 알게 될 때까지는 이 따뜻함을 잘 드러내지 않는다. 모든 성격 유형 중에서 가장 겸손하며, 적응력과 관용이 많다. 자신의 의견이나 가치를 타인에게 강요하지 않으며, 반대 의견이나 충돌을 피하고 인화를 중시한다. 반면에 자신과 타인의 감정에 지나치게 민감하여 결정력과 추진력이 필요할 때가 많다. 성직자나 간호사, 보육교사 등의 분야에서 능력을 발휘한다.

INFP
마음이 따뜻하고 조용하며, 주변 사람에 대해 책임감이 강하고 성실하다. 이해심이 많고 관대하며 자신이 지향하는 이상에 대해 정열적인 신념을 가졌다. 완벽주의적인 경향이 있으며, 자신이 하는 일에 흥미를 갖고자 하는 경향이 있다. 인간 이해와 인간 복지에 기여할 수 있는 일을 하기를 원한다. 언어, 문학, 상담, 심리학, 과학, 예술 분야에서 능력을 발휘한다.

INTP
조용하나 관심 있는 분야에서는 말을 잘하며, 이해가 빠르고 높은 직관력으로 통찰하는 재능과 지적 호기심이 많다. 매우 분석적이고 논리적이며, 객관적 비평을 잘한다. 때로는 자신의 지적 능력을 은근히 과시해서 거만하다는 느낌을 주기도 한다. 지적 호기심을 발휘할 수 있는 분야, 즉 순수 과학, 수학, 엔지니어링 분야나 추상적 개념을 다루는 경제, 철학, 심리학 분야의 학문을 좋아하고 이 분야의 직업이 적합하다.

ESTP
사실적이고 관대하며 개방적이고, 사람이나 일에 대한 선입관이 별로 없다. 강한 현실감각으로 타협책을 모색하고 문제를 해결하는 능력이 뛰어나다. 운동, 음식, 다양한 활동 오감을 활용해서 보고 듣고 만질 수 있는 생활의 모든 것을 즐긴다. 순발력이 뛰어나며, 많은 사실들을 쉽게 기억하고. 예술적인 멋과 판단력을 지니고 있으며, 연장이나 재료들을 다루는 데 능숙하다. 문화평론가, 잡지사 기자, 방송인 등의 직업이 적합하다.

ESFP
현실적이고 실제적이며 친절하다. 어떤 상황이든 잘 적응하며, 수용력이 강하고 사교적이다. 주위의 사람이나 일어나는 일에 대하여 관심이 많으며, 사람이나 사물을 다루는 사실적인 상식이 풍부하다. 상식과 실제적 능력을 필요로 하는 분야의 일, 즉 의료, 판매, 교통, 간호직 비서직, 사무직, 감독직, 기계를 다루는 분야를 선호한다.

ENFP
온정적이고 창의적이며, 항상 새로운 가능성을 찾고 시도한다. 문제 해결에 재빠르고 관심이 있는 일은 무엇이든지 수행해 내는 능력과 열성이 있다. 다른 사람들에게 관심을 쏟으며 사람들을 잘 다루고, 뛰어난 통찰력으로 도움을 준다. 상담, 교육 과학, 저널리스트, 광고, 판매, 성직자, 작가 등의 분야에서 뛰어난 재능을 보인다.

ENTP
독창적이며 창의력이 풍부하고, 넓은 안목을 갖고 있으며, 다방면에 재능이 많다. 풍부한 상상력과 새로운 일을 시도하는 능력이 뛰어나며 논리적이다. 새로운 도전이 없는 일에는 흥미가 없으나 관심을 갖고 있는 일에는 대단한 수행 능력을 발휘한다. 발명가, 과학자, 문제 해결사, 저널리스트, 마케팅, 컴퓨터 분석 등에 탁월한 능력이 있다.

ESTJ
실질적이고 현실감각이 뛰어나며, 일을 조직하고 계획하여 추진시킨다. 기계나 행정 분야에 재능을 가졌으며, 체계적으로 사업체나 조직체를 이끌어 나간다. 타고난 지도자로서 일의 목표를 설정하고 지시하고 결정하고 이행하는 능력이 있다. 속단 속결하는 경향과 지나치게 업무 위주로 사람을 대하는 경향이 있으므로 인간 중심의 가치와 타인의 감정을 충분히 고려해야 한다. 사업가, 행정관리, 생산, 건축 등의 분야가 적합하다.

ESFJ
동정심이 많고, 다른 사람에게 관심을 쏟으며 인화를 중시한다. 타고난 협력자로서 동료애가 많고 친절하며, 능동적인 구성원이다. 이야기하기를 즐기며, 정리 정돈을 잘하고, 참을성이 많으며, 다른 사람을 잘 도와준다. 교직, 성직자, 판매, 특히 동정심을 필요로 하는 간호나 의료 분야에 적합하다.

ENFJ
다른 사람들의 생각이나 의견에 진지한 관심을 가지고 공동선을 위하여 다른 사람의 의견에, 대체로 동의한다. 현재보다는 미래의 가능성을 추구한다. 사교적이며 인화를 중시하고, 참을성이 많다. 사람을 다루는 교직, 성직자, 심리 상담 치료, 예술, 문학, 외교, 판매 등에 적합하다.

ENTJ
지식에 대한 욕구와 관심이 많으며, 특히 지적인 자극을 주는 새로운 아이디어에 높은 관심을 가진다. 일 처리에 있어 사전 준비를 철저히 하며, 논리 분석적으로 계획하고 조직하며 체계적으로 추진해 가는 형이다. 활동적이고 솔직하며, 결정력과 통솔력이 있고, 장기적 계획과 거시적 안목을 선호한다. 사업가나 정치가, 전략가 등에 적합하다.

자기 발견 6 성공에 대해 생각하기

1. 나는 어떤 사람을 성공한 사람이라고 생각하나요?
   구체적인 사람의 예를 들어서 이유를 생각해 보세요

2. 이제까지 내 삶에서 성공한 기분이 들었을 때는 언제,
   어떤 경우였나요?

3. 내가 생각하는 성공의 상징이나 특징은 어떤 것인가요?

4. 어떤 경우에 성공한 기분이 들 것 같은지 상상해서 적어 보세요.

> 자기 발견 7
나의 롤모델 찾기

1. 나는 누구처럼 되었으면 좋겠다고 생각하나요?
   자신이 되고 싶은 인물을 적어 보세요.

2. 그 사람의 어떤 면을 본받고 싶은가요?

3. 내가 그 사람을 능가할 수 있다고 생각하는 면을 적어 보세요.

4. 내가 그 사람을 도저히 따라가기 힘들다고 생각하는 면을 적어 보세요.

자기 발견 8. 나는 어떤 가치관을 갖고 있나?

예로부터 권력과 돈과 명예는 인간에게는 빼놓을 수 없는 추구의 대상입니다. 그러나 사람이 중요하게 생각하는 가치는 보다 다양하며 복잡하게 얽혀있지요. 사람의 가치는 몇 가지이며, 무엇이라고 합의된 것이 있는 것은 아닙니다. 가치관 리스트의 한 예는 다음과 같습니다.

가족

모험

지식

권력

도덕적 판단력 및 개인적인 일관성

돈

우정과 교제

남들의 인정

아름다움

창조성

남을 도와주기

독립

안정

이 가운데 자신이 중요하게 여기는 가치는 무엇인가요? 가장 중요한 것부터 순서대로 번호를 매겨 보세요. 그리고 번호 순서대로 자신의 가치를 실현시키려면 어떻게 해야 하는지 고민해 보세요.

work book

02 비전 정립

비전은 자신이 스스로 개발해야 합니다. 처음에는 남의 것을 베끼면서 만들기 시작하더라도 나중에는 발전시켜 완전히 자기 것으로 만들어야 합니다. 비전은 주어지는 것도 아니고 있는 것 중에서 선택하는 것도 아닙니다. 조각가가 돌덩어리에서 자기만의 조각품을 깎아 만들 듯이 우리도 자기만의 비전을 개발해야 합니다.

비전은 크게 사명과 인생 목표로 구성된다고 했습니다. 먼저 사명을 정하고 그것에 맞는 인생 목표를 정하는 것이 순서이지만, 사람에 따라서는 인생 목표를 먼저 정하고 나중에 사명을 정하는 경우도 있습니다. 이 둘이 서로 어울려 상호 보완하면 되는 것입니다. 비전 개발을 위한 방법을 하나씩 따라해 보세요.

비전 개발 1

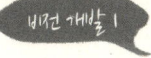

비전 사례 조사

인터넷에서 기업이나 단체의 비전을 찾아 적어 보세요. 기업 소개란을 보면 그 회사의 비전이 무엇인지 알 수 있을 것입니다. 앞으로 자신이 다니고 싶은 회사나 단체의 비전을 찾으면, 자신의 비전을 어떻게 세워야 할지 참고할 수 있습니다.

나의 사명 찾기

사명은 자신의 존재 가치, 인생관을 기술한 것입니다. 사명을 세울 때 고려해야 할 사항은 크기를 어느 정도로 잡아야 하느냐는 점입니다.
사명이 너무 커지면 거의 모든 사람의 사명이 같아져서 차별화를 못하고, 너무 작으면 인생 목표의 사소한 수정에도 영향을 받기 때문입니다. 우선 자신의 사명을 써 보고 인생 목표가 정해지면 그것이 사명 속에 들어갔을 때 어느 정도의 여유가 있는지 확인해야 합니다. 그런 후 마지막으로 한 문장으로 만듭니다.

사명 선언서

년   월   일   이름

나의 사명은

이다.

비전 개발 3 나의 인생 목표 찾기

인생 목표는 평생을 통해 이룩하고자 하는 구체적인 목표입니다. 하지만 너무 구체적일 경우, 2~3년 내에 할 수 있는 단기 목표가 되기 쉽습니다. 여기서 말하는 인생 목표는 평생을 바쳐 달성하려는 목표를 말합니다.

평생을 달성 기간으로 잡으니 무엇을 목표로 삼든지 불가능한 것은 거의 없어 보입니다. 반면에 30~40년의 기간을 잡다 보면 강산도 몇 번이나 바뀌고 사고방식과 문화도 상당히 바뀔 것입니다. 따라서 현재의 기술, 사고방식, 전문용어로는 미래를 구체적으로 표현하기가 힘듭니다. 그런데 목표는 구체적이어야 한다고 요구합니다. 목표가 구체화되어야만 우리가 가야 할 방향이 분명해지고 우리가 풀어야 할 문제들이 확실해지기 때문입니다. 자신이 할 수 있는 만큼 최대한 구체적인 인생 목표를 세워 보세요.

인생 목표 선언서

년   월   일   이름

나의 인생 목표는

이다.

work book

비전 개발 4

비전 선언서 정리하기

사명과 인생 목표를 정했나요? 이 둘을 합치면 나의 비전 선언서가 됩니다. 비전 선언서는 늘 가까이 두고 수시로 보고 외우고 시간이 나는 대로 소리내어 읽어 보는 것이 좋습니다. 이를 통해 자신이 정한 비전을 이루어 인생의 성공을 달성하게 되는 것이지요.

성공은 나의 비전과 인생 목표의 달성 여부에 달려 있습니다. 돈이나 명예 등 세속적인 기준으로만 평가하면 안 됩니다.

비전 선언서

년   월   일   이름

나의 사명은

                                                      이다.

그러기 위하여 나는

                                              한다. (하겠다.)

아래는 제가 가르치는 학생들이 쓴 비전 선언서의 예입니다.
이미 언급했듯이 비전 선언서의 앞부분이 사명 선언서, 뒷부분이 인생 목표 선언서입니다.
이 예를 보면 어떻게 써야 할지 쉽게 이해가 갈 것입니다.

비전 선언서 예 ①

나의 사명은
기업 경영 기술의 발전에 이바지하는 것이다.

그러기 위하여 나는
평생 동안 100개의 적자 기업을 흑자 기업으로 만들겠다.

비전 선언서 예 ②

나의 사명은
많은 사람들이 컴퓨터와 정보통신 기술의 혜택을 받을 수 있도록
하는 것이다.

그러기 위하여 나는
2030년까지 전 세계 인류의 90퍼센트 이상이 컴퓨터를
사용할 수 있도록 효율적인 클라우드 컴퓨팅 시스템을 개발하겠다.

03 목표 달성을 위한 계획 수립

 사명은 어디까지나 내 삶의 방향과 가치관을 나타낼 뿐, 실제 삶은 인생 목표를 향해 살아가면서 노력하는 것입니다.
 인생 목표를 세우고 달성하기 위해서는 계획이 있어야 합니다. 특히 인생 목표는 어렵고 아주 먼 목표입니다. 당연히 장기, 중기, 단기로 나누어 계획을 세워 실천하세요.

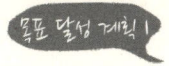# 장기 계획 : 미래 이력서 쓰기

장기 계획은 모호할 수밖에 없을 것입니다. 자세한 계획은 세울 수 없고, 세운다 해도 불필요해지는 경우가 많지요. 이럴 때는 10년 단위로 계획을 기술하는 방법도 있습니다. 또한 목표를 달성했다는 전제 아래 그 시점에서 쓰는 '인생 자서전'처럼 목표를 이루기 위한 과정을 기술하는 방법도 있습니다. 여기서는 '미래 이력서'라는 방법을 써 보기로 합니다.

미래 이력서는 말 그대로 미래에 자신이 갖게 될 삶의 이력서를 미리 써 보는 것입니다. 단순한 경력을 적는 것뿐만 아니라 구체적인 날짜를 지정해 스스로에게 목표 시한을 정하는 것이 좋습니다.

나의 미래 이력서

성 명		
년	월	학력, 경력, 지위, 수상, 가족 사항, 업적 등

work book

미래 이력서 예 ①

나의 미래 이력서

성 명		○ ○ ○
년	월	학력, 경력, 지위, 수상, 가족 사항, 업적 등
2001	7	학부 졸업 (전공 : 경영학, 부전공 : 수학) , 상위 20%
2001	12	대기업(GE) 에너지사업부 입사
2004	9	MBA 입학
2006	7	MBA 졸업 (전공 : 전략, 부전공 : 마케팅), 상위 10%
2006	9	Consulting Firm (매킨지) 입사
2010	9	Senior Consultant
2014	9	Partner
2018	9	대기업(Royal Dutch Shell) 에너지사업부 VP
2022	9	Consulting Firm 창설
2037	9	세계 500대 기업 중 적자 기업의 CEO로 부임
2040	9	회사 흑자로 전환, 자기 회사로 귀임
2050	12	100번째 적자 회사를 흑자로 전환.
2051	12	'경영전략 컨설팅' 저서 출판

미래 이력서 예 ②

나의 미래 이력서

성 명		○ ○ ○
년	월	학력, 경력, 지위, 수상, 가족 사항, 업적 등
1991	5	출생
2010	3	포항공과대학교 학사과정 입학
2012	1	군 입대 (육군)
2013	11	Impact 있는 저널(DMKD 등)에 1저자로 논문 등재
2014	7	포항공과대학교 컴퓨터공학 학사
2016	7	Carnegie Mellon University Master's Degree in Computer Science
2019	2	Doctor's Degree in Computer Science
2019	3	포항공과대학교 컴퓨터공학과 조교수
2021	2	'올해의 우수 과학인' 선정
2021	3	아름다운 여성과 결혼
2022	1	득남
2023	8	전세계적 클라우드 컴퓨팅 리소스 시스템 'Open Computing System' 설립. (비영리법인)
2024	11	포항공과대학교 컴퓨터공학과 부교수
2025	12	약 5000만 사용자가 'Open Computing System' 을 사용
2026	2	'Open Computing System' 이 ISO 지정 컴퓨팅 시스템 표준으로 지정됨
2026	5	UN이 추진하는 전 인류 컴퓨터 보급 사업에 'Open Computing System' 이 핵심 추진 과제로 선정
2028	1	대한민국 최고 과학기술인 상 수상
2029	1	대한민국 국가과학기술위원회 고문
2030	1	전 인류 개인용 컴퓨터 환경 보급률 90% 돌파
2036	2	정보통신부 장관으로 임명
2045	11	정보 기술의 보급을 통한 인류 발전 기여로 노벨 평화상 수상.

 ## 중기 계획 : 중기 계획서 쓰기

대략 앞으로 10년 정도의 계획입니다. 이것은 비교적 쉽습니다. 왜냐하면 10년 정도는 예상이 가능하지만 동시에 이 계획이 바로 오늘의 나를 구속하거나 직결되지는 않기 때문입니다.

중기 계획서

기간	~
중요한 과정 또는 중요한 성과	성과의 내용 또는 달성 방법

 ## 단기 계획 : 진로 계획서 쓰기

단기 계획은 2, 3년이나 길어야 5년 후를 바라보고 세우는 것입니다.
단기 계획은 오늘의 나와 직결되기 때문에 중요합니다. 단기 계획은 현재의 나를 다음 단계 시작점의 이상적인 나로 만드는 계획입니다. 또한 단기 계획은 오늘의 나로부터 시작되므로 현실적이라야 하지만, 이 계획의 목표는 다음 단계의 출발점이 되기 때문에 꼭 성공시켜야 한다는 부담도 있지요. 단기 계획의 목표는 고등학생의 경우 어느 대학 또는 학과나 어떤 직장이 될 것이며, 대학생의 경우 어느 대학원이나 어떤 직장이 되겠지요. 따라서 이 시기의 단기 계획은 진로 계획이라고도 할 수 있습니다.
물론 중학생 중에도 이미 자기 비전을 정립하고 그것을 향해 본격적으로 노력하는 학생도 있겠지만, 일반적으로 중학교 시절에는 아직 가치관도 확립되어 있지 않고 꿈도 자주 바뀌기 때문에 여러 가능성을 추구하는 단계라고 하겠습니다. 따라서 중학생에게는 진로 계획의 준비 단계인 진로 조사 계획서를 완성하여 그것을 실행하기를 권합니다.
이제 각자의 계획서에 따라 행동하고 노력하면 됩니다.
등산을 할 때와 마찬가지로 자신이 세운 계획에 따라 꾸준히 걸어가다가 보면 어느새 목표한 정상에 훨씬 가까이 다가서 있는 자신을 발견하게 될 것입니다.

진로 조사 계획서 (중학생용)

날짜	학교	학년	이름
나의 사명			
후보 직업	1.	2.	3.
요구되는 역량, 적성 정도			
종사자 의견 들어보기			
현장답사			
취업 조건 (학력, 자격증 등)			
기타 특기사항			
좀 더 알아보고 싶은 것			

work book

진로 계획서 (고등학생 진학용)

날짜	학교	학년	이름

인생 목표

목표 대학 및 학과
1.
2.
3.

입학 조건

세부 목표/준비 사항

– 졸업 시 내신 성적

– 목표 수능 성적

– 관심 분야/전공

– 중요한 과목

– 교내외 특별활동
 • 자치/계발 활동
 • 학생회
 • 봉사 활동
 • 기타

– 수시 면접 및 논술 준비

– 기타 사항(자기소개서, 수상 경력, 추천서 등)

진로 계획서 (고등학생 취업용)

날짜	학교	학년	이름

나의 사명

목표 직장
1.
2.
3.

취업 조건

세부 목표/준비 사항
 − 필요한 자격증

 − 성적

 − 중요한 과목

 − 중요한 활동
  • 동아리
  • 학생회
  • 기타

 − 기타 사항

진로 계획서 (대학생 진학용)

날짜	학교	학년	이름
인생 목표			
목표 대학원 1. 2. 3.			
입학 조건			

세부 목표/준비 사항

– 성적 (이수학점 수/ 평점) 졸업 시:

  1학년   2학년   3학년   4학년

– 복수 전공/부전공

– 관심 분야/전공

– 중요한 과목

– 병역 해결 방법

– 영어 실력

– 기타 사항(GRE, 추천서 등)

진로 계획서 (대학생 취업용)

날짜	학교	학년	이름
인생 목표			
목표 직장 1. 2. 3.			
입사 조건			

세부 목표/준비 사항

– 졸업 시 성적 :

– 복수 전공/부전공

– 관심 분야/전공

– 중요한 과목

– 과외 활동
  • 동아리
  • 학생회
  • 기타

– 영어 실력

– 기타 사항(병역 해결 방법, GRE, 추천서 등)

work book

04 워크북을 마치며

　'비전에 의한 삶'의 실천 단계에 들어가기 전까지의 모든 과정을 해 보았습니다. 평소 자신의 인생을 고민하며 준비가 잘 된 사람은 비교적 쉽게 비전 계획을 세워 나갔을 것입니다. 이런 경우라면 계획을 세운 후 바로 실천에 들어가면 됩니다.
　그러나 대부분은 처음 해 보는 작업이라 여기저기서 헷갈리며 만족할 만한 결과물 없이 그저 순서를 따라만 왔을지도 모르겠네요. 만약 그렇다면 자신이 헷갈리기 시작한 부분에서 다시 시작해 보길 바랍니다. 비전을 세우는 것은 무척 중요한 작업입니다. 이 책을 읽고 한번 해 본다고 자신의 비전이 완성되는 것은 아닙니다. 인생은 길며, 누구에게나 인생은 한 번뿐입니다. 그러니 조급함을 버리고 천천히, 착실하게 준비해 가는 것이 중요합니다.
　그렇다고 모든 것이 완벽해질 때까지 기다리라는 의미는 아닙니다. 완벽한 비전을 세우는 것은 생각보다 오랜 시간이 걸리기 때문입니다. 특히 아직 배움의 초기 단계에 있는 학생이라면 전문 지식이 모자라서 자신의 비전을 어느 정도 이상은 구체화하기가 불가능할 수도 있습니다.

　여기서 해야 할 것은 대략의 인생 방향을 잡는 것입니다. 적어도 자신이 미래의 길을 문과에서 찾을지, 이과에서 찾을지를 결정할 수 있을 정도로 방향을 잡으라는 의미이지요. 이 단계부터 시작해서 조금씩 상급 학교에 올라가면서 비전도 더욱 구체화해 나가세요. 해마다 자신의 비전을 점검하고 수정하고 계획하는 작업을 통해 비전을 구체화해 나가길 바랍니다.

　마지막으로 비전을 달성하기 위한 계획이 아무리 멋지고 거창하다 해도 실제로 실천하지 않으면 꿈은 결코 이루어지지 않습니다. 명심하세요. 성공하기 위해서는 노력이 기본이라는 것을. 나만의 비전을 위해 노력하는 모든 분들에게 건투를 빕니다.

포항공대의 비전 멘토 방승양 교수의 진로설계 강의
넘버원보다 온리원이 돼라

초판 1쇄 발행 | 2012년 3월 7일
초판 3쇄 발행 | 2015년 2월 1일

지은이 | 방승양
펴낸이 | 김태진, 승영란
마케팅 | 함송이, 이보혜
표지·본문 디자인 | 디자인 이브
인쇄 | 애드플러스
펴낸 곳 | 에디터
　　　　출판등록 1991년 6월 18일 제313-1991-74호
　　　　(우) 121-801 서울특별시 마포구 마포대로 14가길 6 정화빌딩 3층
　　　　전화 02-753-2700, 2778 팩스 02-753-2779
값 12,000원
© 2012, 방승양
ISBN 978-89-92037-95-2　13320

*잘못된 책은 구입하신 곳에서 바꾸어 드립니다.